한 끼의 권리

한 끼의 권리

지은이 | 오하라 에쓰코
옮긴이 | 최민순
펴낸이 | 김성실
기획편집 | 이소영 · 박성훈 · 김성은 · 김선미
마케팅 | 곽흥규 · 김남숙
인쇄 | 삼광프린팅
제책 | 바다제책
펴낸곳 | 시대의창
출판등록 | 제10-1756호(1999. 5. 11.)

초판 1쇄 | 2011년 4월 15일 펴냄
초판 2쇄 | 2013년 3월 26일 펴냄

주소 | 121-816 서울시 마포구 연희로 19-1 4층
전화 | 편집부 (02) 335-6125, 영업부 (02) 335-6121
팩스 | (02) 325-5607
이메일 | sidaebooks@daum.net

ISBN 978-89-5940-205-2 (03330)

책값은 뒤표지에 있습니다.
잘못된 책은 바꾸어드립니다.

FUDO BANKU TO IU TYOUSEN
by Etsuko Ohara
ⓒ 2008 by Etsuko Ohara

Originally published in Japanese by Iwanami Shoten, Publishers, Tokyo, 2008.
This Korean language edition published in 2011
by Window of Times, Seoul
by arrangement with the proprietor c/o Iwanami Shoten, Publishers, Tokyo

이 책의 한국어판 저작권은 BC 에이전시를 통해 저작권자와 독점 계약한 시대의창에 있습니다. 저작권법에 따라 한국 내에서 보호를 받는 저작물이므로, 이 책의 일부나 전부를 상업적으로 이용하려면 미리 허락을 받으십시오.

한 끼의 권리

굶주림을 줄이는 합리적인 시스템, 푸드 뱅크

오하라 에쓰코 지음 | 최민순 옮김

프롤로그

　귀에 익숙지는 않지만 최근 들어 조금씩 알려지기 시작한 말이 있다. 푸드 뱅크Food Bank. 직역하면 '식품 은행'이다. 식품을 빌리거나 갚거나 식품에 이자를 붙이는 곳을 이르는 말은 아니다. 푸드 뱅크는 아직 충분히 먹을 수 있는데도 '상품 가치가 없어서' 버려진 식품들을 받는 곳이다. 대량 소비 사회인 일본에서는 매일 이런 식품들이 어마어마하게 쏟아져 나온다. 푸드 뱅크에서는 식품회사 같은 곳에서 이런 식품을 기부받아 굶주리는 사람들에게 무료로 나누어 준다. 식품을 기부받아 먹고살아야 할 만큼 굶주리는 사람들이 일본에는 많다.

　식품을 기부받는 사람들은 식비를 절감할 수 있고, 기업은 식품 폐기 비용을 절감할 수 있다. 식품을 폐기해야 하는 기업과 식품을 필요로 하는 사람들을 연결해 주는 활동을 하는 단체 혹은 시스템을 가리켜 '푸드 뱅크'라고 한다.

푸드 뱅크가 처음 시작된 미국은 40여 년이라는 역사를 갖고 있지만, 일본에서는 이제 막 푸드 뱅크가 시작되었다. 푸드 뱅크는 사회에 남아도는 '낭비'를 '감사'로 바꾸는 시스템으로서뿐만 아니라 새로운 사회 시스템을 구축하고 기업이 사회에 공헌하는 방법으로도 주목받기 시작했다. 빈부 격차가 더욱 커져만 가는 일본에서는 더더욱 필요한 활동이기도 하다.

이 책에서 나는 푸드 뱅크라는 새로운 움직임의 '현재'를 따라가 보려고 했다. 아직은 암중모색 단계에 있는 푸드 뱅크가 앞으로 풀어 가야 할 여러 과제와 푸드 뱅크의 전망도 볼 수 있을 것이다. '식량'과 '빈곤'을 둘러싼 현실, 비영리단체 Non-Profit Organization의 가능성, 일본이라는 나라의 실상 그리고 사회를 변화시키기 위해 기업이나 한 사람 한 사람이 할 수 있는 일들…. 푸드 뱅크를 창구로 이러한 문제들을 독자 여러분과 함께 생각하고 싶다.

우선, 다음 이야기부터 해 볼까 한다.

2007년 어느 겨울 날, 만두 10만 개가 전국의 매장에서 사라졌다. 요코하마 시의 유명한 만두 제조회사가 판매하던 만두에 '문제'가 생겨 그 제품들을 거두어들였기 때문이다. 흔히 볼 수 있는 사과문이 신문 한 구석에 실렸다. 거두어들여 처리할 정도라면 만두에 이물질이나 몸에 해로운 어떤 것이 섞였으리라 짐작하겠지만 그런 것은 아니었다. 포장지에 쓰인 원재료 표기 순서가 잘못되었기 때문이다.

일본농림규격 Japanese Agricultural Standard에 따르면, 가공식품의 원재료는 중량 순으로 기록해야 한다. 그런데 이 회사는 '돈육, 양파, 전분, 소맥분, 건조 가리비 패주…'라고 표기해야 할 것을 '돈육, 가리비 패주…' 순으로 표기했던 것이다. (가리비 패주도 정확하게는 '건조 가리비 패주'라고 했어야 한다) 이런 법률 위반은 용납되지 않는다. 마치 가리비 패주가 듬뿍 들어간 듯한 인상을 주어 영악한 상술로밖에는 보이지 않기 때문이다.

그러나 원재료 표기 순서가 바뀌었다고 해서 배탈이 나는 사람은 없다. 산지나 유통 기한 등을 위조한 것도 아니다. 과연 표기의 순서 문제로 식품을 거두어들여야 하는지, 그 식품들은 어떻게 되는지 무엇보다 나는 그것이 궁금했다.

얼마 후 회사에 전화를 걸어 물어보니 매장에서 거두어들인 만두 10만 개는 창고에 보관되어 있었다. 폐기할 것인지 사료용으로 재활용할 것인지 검토 중이라고 했다. 개중에는 진공 포장을 하여 유통 기한이 3개월이나 남은 것도 있었다.

"일단 출하했다가 거두어들인 상품은 안전상의 이유로 다시는 쓸 수 없습니다."

담당자는 미안한 듯 말했다.

2008년 새해 벽두부터 중국산 냉동만두 식중독 사건이 일본 열도를 발칵 뒤집어 놓았다. 그러나 식품의 유통 기한 표기 위반 문제는 이미 이전부터 이 나라를 뒤흔들고 있었다. 유명 식품회사들의 부정이 점점 드러나면서 소비자도 기업도 매스컴도 식탁의 안전과 유통 기한 표시 등에 매우 민감해졌다. 그 영향 때문일까? 2007년에 식품이 회수 처리된 사례는 786건으로 전년도의 3배가 넘었고 사상 최고치를 이루었다(농림수산소비안전기술센터 조사). 가장 큰 이유가 '표시 부적절'로 42퍼센트였다.

2008년 2월 11일《아사히신문》은 '일련의 거짓 표기 사건 때문에 사내의 위생 기준을 엄격히 한 탓에 일부 기업에서는 버리는 식료품이 증가했다'고 보도했다. 예컨대 한 도시락 전문업체만 해도 도시락 반찬 재료나 만들어진 도시락을 버리는 비율이 매상고의 약 10퍼센트를 차지할 정도로 증가했다고 한다. 또 이 신문은 '메뉴별로 팩에 재료를 섞어 담아 가게로 배송하는데, 규정상 이틀이 지나면 버리게 되어 있다. 재료 가운데 몇 달 정도는 상하지 않는 것도 많지만, 매장에 그대로 두면 기한 관리 작업이 복잡해지기 때문이다. 작년 2월부터는 매장에서 해동한 이후의 날짜에 대해서도 사내 기한을 두었기 때문에 버리는 양이 늘었던 것'이라고 보도했다.

'안전과 안심'을 위해서는 어쩔 수 없는 일인지도 모른다. 그러나 소비자의 불신을 피하려는 기업의 자기방어 혹은 과잉반응인 경우도 적지 않다. 게다가 '포식의 나라' 일본에서는 엄청난 양의 식품을 아주 일상적으로 버려 왔다. 이를테면 편의점과 할인점은 유통 기한이나 소비 기한을 넘기기 전에 매장에서 상품을 빼내는 '판매 기한'을 독자적으로 정해 지키고 있다. 손님이 식품을 사는 순간부터 실제로 먹기까지의 기한을 먹는 쪽이 아니라 파는 쪽이 '배려'하고 있기 때문이다. 이 과정에서 식료품이 많이 버려진다.

소비 기한 2시간 전의 주먹밥, 유통 기한이 몇 달이나 남은 조리식품이 진열대에서 사라진다. 설령 점원이 잊어버리거나 손님이 "괜찮아요, 먹을게요"라고 말한다 해도 판매 기한을 넘긴 제품은 아예 계산조차 할 수 없도록 장치한 곳도 있다.

편의점에 있는 제품은 대부분 1년 이내에 사라진다. '팔리지 않는' 상품은 즉시 교체된다. 전국의 매장에 진열되었던 제품들이 어느 날을 기점으로 쓰레기로 변하는 것은 흔하다. '제품 부족은 죄악이라는 것이 식품업계의 상식'이다. '품절'은 곧 '팔

수 있는 기회를 놓치는 것'이다. 상품이 부족하면 손해 배상의 문제도 발생하기 때문에 식품업체는 늘 넉넉하게 만들 수밖에 없다.

'갓 구운' '갓 만든' '기간 한정'…. 최근 들어 이런 말들로 포장된 상품이 점점 는다. 그 바람에 시간이 지날수록 상품들은 가치를 잃어버린다. 얼마 전에도 백화점 제과점 점원이 '조금 전에 갓 구워 낸 빵'을 '지금 막 구워 낸 빵'으로 친절하게 바꾸어 주는 모습을 볼 수 있었다. 빵을 교환하려고 사람들은 계산대 앞에 길게 줄지어 서 있었다. 내일 아침 먹을 빵에 이 몇 시간의 차이가 그렇게 큰 의미를 부여하는 것일까? 그러나 우리 사회는 이러한 서비스를 긍정적으로 평가해 왔다.

일본에서는 매일 전체 음식의 약 3분의 1이 남거나 버려진다. 2005년 '식료수급표'와 '국민건강영양조사'에 따르면, 한 사람당 식품 공급 열량이 2573킬로칼로리였다. 그런데 실제로 섭취한 열량은 1851킬로칼로리로, 한 끼 분량에 가까운 722킬로칼로리가 낭비되었다. 일본은 분명 음식물이 넘쳐 나는 곳이다.

일본의 식량자급률은 칼로리 기준으로 고작 39퍼센트(2006년도)이다. 하루에 섭취해야 하는 칼로리의 39퍼센트밖에 자급할 수 없다는 것이다. 미국(128퍼센트), 영국(70퍼센트), 독일(84퍼센트), 프랑스(122퍼센트, 모두 2003년도) 등 다른 선진국에 비해 식량자급률이 현저히 낮고, 주요 선진국 중에서는 가장 낮다. 세계에서 농산물을 가장 많이 수입하는 나라인데도 1년간 배출되는 식품 폐기물은 약 2천만 톤에 이른다. 이것은 세계식량계획 WFP이 세계의 약 8천8백만 명에게 보낸 식량 원조량의 5배에 달한다(2006년).

물론 버려지는 음식물을 아깝게 여기는 사람은 많다. 식품업계에 종사하는 사람들도 '애써 만든 식품을 버리지 않고 어떻게 든 활용할 방법'을 줄곧 고민해 왔다. 그 해답의 하나로 주목받는 활동이 바로 푸드 뱅크이다.

차례

프롤로그 4

1장. 버려지는 음식들

애매한 '기한' 기준 26
변하는 식생활 30
푸드 뱅크라는 시스템 34
일본에도 '어려운 사람'이 있을까 38
식품안전보장 46

2장. 푸드 뱅크의 탄생

마켓이 찾아오다   56
음식을 구출하라   64
시간을 기부하는 사람들   67
팬트리의 역할   71
방과 후의 아이들   76
재활의 기회, 커뮤니티 키친   79
네트워크의 힘   85
식료품 삽니다   90
기로에 선 푸드 뱅크   95

3장. 찰스 이야기

배고픈 어린 시절   109
새로운 인생   119
드넓은 바다로 그리고 일본으로   130
산야에서 느낀 혼란   134
스미다 강가에서 '노숙'을 체험하다   141
일본에서 푸드 뱅크를 가동하다   153

4장. 푸드 뱅크는 반창고?

푸드 뱅크로는 먹고살 수 없다? 183
봉사와 위선 194
도움을 받는 사람들 199
어디에서 선을 그을 것인가 207
새로운 바람 212
식품 영업사원에서 푸드 뱅커로 214
밭에서 시작된 두 번째 수확 220
기부하는 기업의 새로운 시도 229
모두 '좋은 일'을 하고 싶어 한다 234
'반창고' 푸드 뱅크 244

에필로그 250

1장

버려지는 음식들

남은 음식들을 어떻게 처리할지 몰라 고민하는 사람들에게, 푸드 뱅크의 원리는 아주 간단하다. '남았다'고 하면 대부분 사람들은 '유통 기한이 지난 팔고 남은 음식들'을 떠올린다. 그러나 푸드 뱅크에서는 유통 기한이 지난 식품을 절대 취급하지 않는다.

"왜냐고요? 안전하면서도 충분히 맛있게 만들어진 식품만을 취급하고 싶기 때문이죠. 더욱이 기업에서 받은, 유통 기한이 지나지 않은 식품만으로도 창고는 가득 찹니다."

일본 최초로 본격적인 푸드 뱅크 활동을 시작한 비영리법인 '세컨드 하비스트 저팬(Second Harvest Japan, 이하 2HJ)의 이사장 찰스 맥질튼Charles McJilton의 설명이다.

2HJ는 2007년 한 해 동안 기업에서 식품 350품목을 받아다가 시설 약 60곳에 나누어 주었다. 모두 유통 기한이 넘지 않았는데도 폐기될 뻔한 것들이었다. 이를테면 유통 기한은 아직 몇 달이나 남아 있지만 '판매 기한'이 지나 버린 캔 통조림이나 조리식품 또는 상표가 군데군데 약간 흐리게 인쇄되었거나 비뚤어진 것들이다. 화물선으로 수송하다 뜻하지 않게 박스 일부가 우그러들었거나 망가진 냉동식품도 마찬가지다. 이런 것들은 내용물에는 전혀 문제가 없다. 그런데도 사 갈 사람이 나서지 않는 것이다.

2HJ에 캘리포니아 건포도 50만 봉지가 들어온 적도 있다. 봉지에 붙은 캠페인 응모용 스티커가 잘 안 떼어지는 바람에 생긴 클레임 두 건 때문이었다. 기내에서 나누어 주던 페트병 음료수 약 1만 2천 개도 들어왔다. 미국제 뚜껑을 사용한 병이 일부 섞여 있었는데, 일본제 뚜껑에 비해 조임이 약했기 때문이다. '만에 하나 병이 넘어지기라도 하면 손님의 옷에 음료수가 쏟아질 수도 있다'는 우려의 목소리가 나왔고, 미국제 뚜껑만을 골라내기는 어려워 일본제까지 모두 폐기 처분하기로 결정했던 것이다. 음료수는 2톤 차량에 빼곡히 채워져 네 번 운반되었는데,

2HJ가 인수하지 않아 버려진 것이 그 10배나 넘었다고 한다.

도쿄의 반찬가게에서도 상담 전화가 걸려 왔다. 1천 명이 먹을 도시락을 만들려면 1천1백 명이 먹을 재료를 사들여야 하는데 여분인 1백 명 것은 지금까지 버려질 수밖에 없었다고 한다. 지겹게 되풀이하는 말 같지만, 이것들은 모두 유통 기한이 남아 있는 맛있고 안전한 식품들이다. 2HJ가 인수하지 않으면 폐기될 것들이었다.

대량 소비·대량 폐기 현상은 일본에만 해당되지 않는다. 푸드 뱅크가 시작된 미국은 물론 많은 선진국에서도 식품의 30퍼센트에서 40퍼센트가 버려진다. 영국 일간지 《인디펜던트》(인터넷판 2008년 3월 2일)에 따르면 영국에서도 매년 음식 2천만 톤이 버려지며, 소비자가 사는 식품의 3분의 1이 쓰레기통으로 직행한다고 한다. 지나치게 유통 기한을 따지는 분위기나 '묶음 구매가 이득'이라며 부추기는 할인마트 상술이 커다란 요인이다.

그러나 여러 나라 중에서도 일본은 유별나다. 예컨대 토마토 통조림 수입업체의 품질보증부 직원에게서 다음과 같은 이야기를 들었다.

"일본에서는 포장박스가 조금만 구겨져도 즉시 반품합니다. 통조림이기 때문에 내용물에는 전혀 영향이 없는데도 말이죠.

수입원인 이탈리아나 미국의 업자들은 '상한 것도 아닌데 왜 그러느냐' '어째서 상자가 더러워진 것을 문제 삼느냐'며 항의합니다. 그들은 이해하기 어렵겠지만, 일본이라는 사회는 100퍼센트 완벽을 추구하는 곳입니다. 저도 줄곧 마뜩잖아 하면서 식품을 폐기해 왔습니다."

일본에 치즈를 판매하는 한 프랑스 회사가 "불만 건수가 100건이라면 95건이 일본에서 온 것이다. 일본은 요구가 너무 많다."고 푸념할 정도다. 다른 나라 식품회사 담당자들도 이런 한탄을 거듭 늘어놓는다. 깨끗한 것, 안전한 것, 신선한 것, 완벽한 것을 추구하는 것은 소비자로서 당연하다. 입에 넣는 것이니 물론 결함이 있어서는 안 된다. 나라도 값이 같다면 조금이라도 신선하고 상태가 좋은 것을 사고 싶다.

그러나 일본 사회는 다소 지나친 감이 있다. 내가 2000년부터 2년 동안 생활했던 이탈리아에서는 채소 하나를 팔더라도 크기와 모양이 제각각이었다. 일본에서는 절대 볼 수 없는 '규격에서 벗어난 상품'들이 아무렇지 않게 팔렸다. "구부러졌든 못생겼든 당근은 당근!" 이탈리아 식품 매장에는 이런 넉넉함이 있다. 채소에서는 본래의 강렬한 풍미가 풍겨져 나왔으며 계절이 지나면 아예 구할 수 없는 것도 많았다.

그러나 일본에서는 사계절 내내 세계의 모든 채소를 먹을 수 있다. 풍요로움과 편리함의 증거라고도 할 수 있겠지만, 봉지나 팩에 깔끔하게 포장된 크기와 모양이 고른 채소들의 그늘에서 규격을 벗어난 많은 채소가 버려지는 것은 아닐까 염려되는 것은 어쩔 수 없다.

시마무라 나쓰島村菜津의 《슬로푸드 같은 일본スローフードな日本！》(新潮社, 2006)에 따르면 농림수산성이 채소의 표준 규격을 세운 것은 1971년이었다. 마치 공업 제품처럼 채소의 모양, 크기, 품질을 통일하고 그에 맞추어 골판지 박스까지 갖추어야 했다. 시마무라는 이 점에 분개한다.

"누가 채소 모양과 크기를 일치시키라고 했을까? 모양이 좋은 것만을 사고 싶어 하는 소비자 탓이라고 말하는 사람도 있고, 흠집 없이 효율적으로 먼 곳까지 운반하는 유통 기술의 덕이라고 말하는 사람도 있다. 아마 두 이유 다 맞을 것이다. 결국 이것이 농가를 더 수고스럽게 하고 농가의 지출을 늘려 고통스럽게 한다. 규격에 맞지 않는 상품은 가치가 없다는 이유로 울며 겨자 먹기 식으로 처분할 수밖에 없기 때문이다. 이런 안타까운 얘기가 또 어디 있을까?"

나도 전적으로 동감한다.

애매한 '기한' 기준

겉모양이야 어쨌든 안전이나 신선도만큼은 양보할 수 없다고 생각하는 사람이 많다. 그 '안전'과 '신선'의 근거를 유통 기한 표시에 의존할 수밖에 없는 것이 현실이다. 2007년 한 제과 전문업체가 소비 기한이 지난 원료로 과자를 만들어 판 사실이 밝혀지면서 기한 표시에 대한 소비자의 관심이 더욱 높아졌다. 그러면 '소비 기한'과 '유통 기한'은 대체 무엇을 기준으로 정하는 것일까? 조사해 보면 그 기준이 의외로 애매하다는 사실을 알 수 있다.

소비 기한과 유통 기한은 식품위생법과 일본농림규격에 따라 의무적으로 표시하도록 되어 있다. 소비 기한은 제조일로부터 대략 5일 이내에 품질이 현저하게 떨어지는, 말하자면 빨리 상하는 식품에 붙이는 표시다. 정해진 방법으로 보관한 경우 안전성에 문제가 없다고 보이는 기한을 말하며 도시락이나 생과자, 육류 제품 등에 붙인다.

유통 기한은 통조림, 스낵과자, 컵라면 등 비교적 부패가 잘

되지 않는 식품 등에 표시한다. "해당 기한을 넘겼더라도 품질은 유지되는 경우가 있다"고 정의하며, 농림수산성 홈페이지에는 '유통 기한이 지난 순간부터 그 식품을 아예 먹지 못하는 것은 아닙니다.' '중요한 것은 아깝다는 것입니다.' 라고 쓰여 있다.

그렇다면 그 기한은 누가 정하는 것일까? '해당 식품에 대해 가장 잘 아는 사람' 즉, 제조업체이다. 법률상으로는 '객관적인 기한을 설정하려면 미생물 실험, 이화학 실험 그리고 여기에 맛과 냄새, 색깔 등을 평가하는 감각 실험 등은 물론 상품의 개발·영업 등을 통해 지금까지 축적된 경험과 지식 등이 효과적으로 활용되어야 한다.'고 되어 있다. 세 가지 실험 결과 가장 짧은 보관 기한이 '가식可食 기한'이 되고, 그 일수에 각 기업이 0.6에서 0.8 정도의 '안전계수*'를 곱한 것이 '유통·소비 기한'이다.

그러나 오랫동안 식품위생 감시원으로 근무하다가 지금은 식품위생 컨설턴트로 일하고 있는 니시무라 마사히로는 이렇게 말한다.

"대기업이라면 모를까 대개 기업은 세균 검사 시설 등을 갖추

* 인체에 안전한 수준을 평가하려고 동물 실험 결과 등에서 얻은 과학적인 경험을 계수로 정하여 식품에 적용하는 안전 비율을 말한다.

고 있지 않아서 과학적인 방법으로 기한을 정하지 않는 곳이 훨씬 많습니다. '대개 이 정도 하니까' 하며 업계와 비슷한 수준으로 정하거나 오랜 경험을 근거로 붙이지요.

과학적으로 엄밀하게 기한을 정하리라 짐작한 소비자의 생각과는 거리가 먼 말이다. 소비자문제연구소 대표이자 식품 표시 관계자인 가키타 다쓰야도 "오늘날의 유통 기한은 너무 앞당겨져 있다"고 말한다. 안전계수를 곱한 일수의 반 이하로 유통 기한을 정하거나 유통 기한과는 상관없는 날짜를 소비 기한으로 정하는 경향도 제조업체에서 강하게 나타난다고 한다.

가키타는 자신의 책 《식품업계는 왜 아무렇지 않게 거짓말을 하는가?食品業界はなぜ平気で嘘をつくのか》(日本文藝社, 2008)에서 '신선도가 생명'인 것처럼 기한을 짧게 정해 '얼른 먹고 남으면 버려!'라고 종용하듯 소비자를 부추기는 업체와 기한이 짧으면 사재기도 못하고 금세 팔려 나가리라 생각하는 소매점에 책임을 묻는다. 자신 역시 '아까움'보다는 '식품의 안전'을 무엇보다 우선시해야 한다고 생각하지만 이런 식의 기한 표시는 아직 충분히 먹을 수 있는 음식들을 쓰레기로 만들어 버린다고 지적한다.

한편으로는 다음과 같은 문제도 있다. 《니혼게이자이신문》(2007년 9월 13일 석간)이 소비자 1032명을 대상으로 실시한 조사 결과를 보면 '유통 기한이 미심쩍거나 이상하게 길면 사지 않는다'는 의견이 많았다. 유통 기한이 길면 그만큼 오래 보관하려고 무언가를 많이 첨가했으리라 의심하는 사람도 있었다.

"문제는 그 식품이 언제 제조되었고 진짜 기한이 언제까지인지 소비자가 알 길이 없다는 것입니다. 그 기한이 정말 타당한 것인지 검토할 필요가 있습니다."

가키타의 지적이다.

유통 기한 표기 위반 사건과 중국산 냉동만두 식중독 사건 등 일련의 사건이 계속 터지자 일본 정부도, '알아내기 어렵다'는 현재의 표기 방식을 다시 한번 점검해 보기로 했다. 유통 기한, 소비 기한으로 나뉜 표시를 '소비 기한'으로 통일하고, 거기에 제조연월일을 의무적으로 함께 표기하도록 하는 방법이 검토되었다. 그러나 결국 내각부의 국민생활심의회가 정리한 '생활안심 프로젝트'의 최종보고서(2008년 3월 27일)에서 모두 보류되었다.

'아까움'을 양산하는 것은 누구의 책임일까? 그 '범인 찾기'가 이 책의 목적은 아니다. 그러나 더 빨리, 더 편하게, 더 많이 팔리도록 엄청난 속도로 흘러가는 지금의 사회가 많은 낭비를 부르고 있음은 분명하다.

변하는 식생활

아직 먹을 수 있을까?

예전에는 대부분 가정에서 냄새를 맡거나 입으로 신맛이나 쓴맛을 확인하는 등 오감을 자극해 음식의 신선도를 판단했다. 상하기 시작한 것이라도 그 부분만을 떼어 내거나 불로 익히거나 하면 그만이었다.

달걀의 유통 기한은 닭이 알을 낳은 날로부터 2주일 정도까지다. 그러나 이것은 날로 먹을 경우이다. 고난 여자대학 오쿠다 가즈코奧田和子 명예교수가 실험한 결과, 날달걀을 냉장고에 보관했다가 삶은 후 맛을 평가했더니 유통 기한 이후 30일까지 먹을 수 있었다고 한다. 식빵은 3주 정도까지 문제가 없었고, 청국장도 3주까지 먹을 수 있었다. 유통 기한이 지났다고 해서 서둘러 버릴 필요는 없다고 오쿠다 교수는 지적한다(《니혼게이자이신문》 2007년 12월 29일).

그런데 얼마 전 30대 회사원에게서 뜻밖의 말을 들었다.

"부패한 식품이 어떤 건지 본 적이 없어서 모르겠어요."

그녀가 의지할 수 있는 것은 오로지 상표에 쓰인 숫자뿐이다.

유통 기한이 지난 식품은 뜯어서 내용물을 확인하지도 않고 주저 없이 그대로 쓰레기통에 버렸다고 한다. 자신의 오감보다는 인쇄된 데이터를 믿는 것이다. 이런 사람들이 젊은 층을 중심으로 늘고 있다.

매일 밤늦게까지 바쁘게 일하는 그녀는 집에서 요리할 시간이 거의 없다. 주로 외식을 하거나 편의점에서 끼니를 때운다. 사무실에서 일하면서 식사 대용으로 나온 과자 등으로 가볍게 허기를 달래는 때도 허다하다. 되돌아보니 회사에서 근무하던 시절에는 나도 그랬다.

본래 음식이란 동물이나 식물의 생명을 먹는 것이다. 하지만 대부분 식품에서는 그 생명이 보이지 않는다. 유통 기한만을 기준 삼아 음식을 버리는 정서가 여기서 싹텄는지도 모른다.

2HJ 봉사자가 한숨을 내쉬며 말한 적이 있다.

"푸드 뱅크에 관해 아무리 설명을 해도 젊은 친구들은 잘 이해하지 못해요. '업체가 버리려고 했던 음식 아닌가요?' '역시 뭔가 문제가 있을 것 같다' 는 반응을 보이곤 합니다."

우리의 식생활 환경은 크게 변해 왔다. 외식이나 중식*이 보급되어, 가구당 생선과 채소 소비량은 10년 전보다 16퍼센트 감소(2006년)한 반면 한 사람당 냉동식품 소비량은 1년에 21.1킬로그램으로 최고치를 기록했다. 싸고 편리하며 손쉽게 먹을 수 있다는 것이 냉동식품의 가장 큰 장점이다. 그러나 음식을 생산하는 사람과 먹는 사람의 거리감은 물리적, 정서적으로 점점 멀어지는 듯하다.

"채소를 살 때마다 자기도 모르게 산지 표시를 확인하고, '중국'이라고 쓰여 있으면 사지 않고 도로 진열대에 갖다 놓는다. 그런 사람이 시간을 절약하려고 냉장고를 냉동식품으로 채워놓고, 낮에는 대개 냉동 우동이나 냉동 필라프, 냉동 스파게티로 때운다. 그러면서 아무런 모순을 느끼지 못한다. (…) 고기·생선·채소에서 된장·간장 그리고 가공식품까지, 원재료가 거의 다 수입품인데도 그 산지 하나하나까지는 생각하지 못한다. 그런데 이것은 다름 아닌 나 자신의 모습이다." 《AERA》 2008년 2월 18일호)

작가 다카무라 이사오의 모습이 내 모습이고 대부분 사람들 모습이기도 하다.

- 귀갓길에 도시락이나 반찬 등을 사 가지고 가서 집에서 먹는 것을 이른다.

NHK가 2006년에 실시한 '식생활에 관한 여론 조사'를 보면, 20대 특히 남성들은 삼시를 잘 챙겨 먹지도 않고 건강에 신경 쓰지도 않으며 그저 허기만 채우면 된다고 생각하는 경향이 강하다. NHK 방송문화연구소 여론 조사부가 엮은 《붕식과 방식 崩食と放食》에서는 먹을거리에 무관심하고 고집이 없는 경향을 '방식放食'이라고 하여 그것이 식생활의 혼란을 보여 주는 '붕식崩食'의 원인이 된다고 지적한다.

'방식'이 문자 그대로 먹을거리를 '포기하는' 토양이 되지는 않을까 싶어 염려된다. 군마 대학교 교육학부 다카하시 구니코 高橋久仁子 교수는 음식이 건강이나 병에 미치는 영향을 과하게 평가하거나 맹신하는 '푸드 패디즘'이라는 개념을 소개한다. 그는 자신의 책 《푸드 패디즘フードファディズム》(中央法規出版, 2007)에서 '오늘날 세상에 넘쳐 나는 먹을거리 정보에는 푸드 패디즘이 만연하여 점점 더 사람들이 정보 속에서 우왕좌왕하고 있다'고 경고한다. TV에서 '청국장이 다이어트에 효과가 있다'는 방송을 하면 눈 깜짝할 사이에 청국장이 다 팔려 나간다거나 노로 바이러스 주의보가 발표되면 전국적으로 굴 불매 현상이 일어난다거나 하는 것도 그 일례이다. 다카하시 교수는 소비자의 이러한 '변덕'이 생산·제조에 종사하는 사람들에게 커다란 영향을 미친다며 마음 아파했다.

식생활을 둘러싼 여러 상황에서 발생하는 많은 '아까움.' 지구 환경 문제와 세계적으로 8억 5천만 명이 넘는 사람들이 굶주리고 있다는 생각을 하면 우선은 덜 낭비할 방법을 신중하게 모색해 보아야만 한다.

얘기를 들어 보면 기업인들도 '노력은 하고' 있지만, 식품이 남아돌지 않도록 하기란 사실상 불가능하다. 그렇다면 어쩔 수 없이 발생하는 이 '아까움'에 어떻게 대처해야 할까?

대량 소비·대량 폐기 사회에 뿌리를 둔 푸드 뱅크가 던지는 물음이다.

푸드 뱅크라는 시스템

이제 푸드 뱅크 시스템을 살펴보자.

옆의 그림에서 알 수 있듯이 잉여 식품은 유통의 여러 과정에서 발생한다. 푸드 뱅크는 그것을 모아다가 원칙적으로 개인이 아닌 복지시설이나 단체에 보낸다. 복지시설 같은 곳에는 대개 영양사나 조리사 등 '음식' 전문가가 근무하고 있어 기업이 염려하는, 음식을 '부적절하게 취급하는 일'이 생기기 어렵다. 또한 푸드 뱅크의 취지를 이해하고 신뢰하는 단체에 나누어 주기

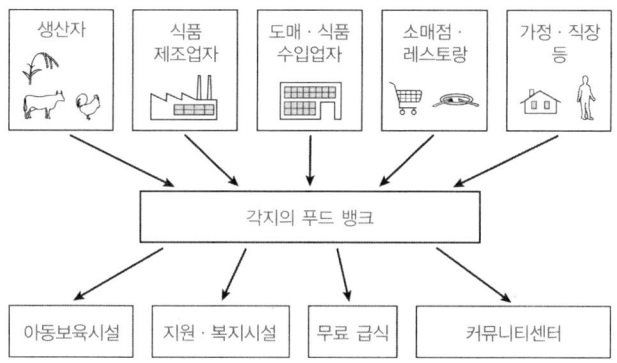

푸드 뱅크 시스템 안에서 식품의 흐름.

때문에 기부받은 식품이 다른 곳에 몰래 팔릴 걱정도 없다.

　기업 입장에서는 무엇보다 식품 폐기 비용이 절감된다. 푸드 뱅크 한 곳에 식품을 제공하면 그곳에서 몇몇 믿을 만한 단체로 나누어 보내기 때문에, 기업이 개별적으로 단체와 접촉하는 것보다 훨씬 효율적이고 편리하게 사회에 공헌도 할 수 있다.

　식품을 기부받는 단체에서는 식비가 절감된다. 그 돈으로 본래 활동에 더 힘을 쏟을 수 있다.

　"기부하려는 식품이 있으면 어쨌든 일단 전화해 주세요."

　어깨를 추켜올리며 찰스가 말했다.

　푸드 뱅크에서는 어떤 상품이 어떤 이유로 어느 정도 있으며 유통 기한은 얼마나 남아 있는지 샘플을 받고 품질을 확인한 후에 인수 가능한 분량, 인수처 등을 선정한다. '이 식품은 아동보육시설에' '고령자가 많은 단체에는 이것을'…. 이런 식으로 식품 분배할 곳을 합리적으로 조정하는 것도 푸드 뱅크의 일이다. 그 후 기업과 동의서를 교환하고, 운반과 인수 방법 등을 결정한다.

　감당할 수 있을 만큼만 받고 유통 기한이 거의 다 된 식품은 받지 않는다. 알코올이나 담배, 품질이 고르지 못한 식품, 식품에 맞는 관리가 이루어지지 않은 것, 일단 공식적으로 폐기물로 처리된 것, 위법 행위로 나온 것 등도 받지 않는다.

푸드 뱅크 활동은 나라마다 다르다. 일본 푸드 뱅크에는 농가나 수산회사에서 식료품을 받는 시스템이 아직 확립되지 않은 상태다(4장에서 그 가능성에 대해 다루겠다). 할인점 가운데 협력 중인 곳은 미국에서 설립된 회원제 창고형 할인점 '코스트코'로, 이곳에서는 일주일에 5일, 채소나 과일·빵 등을 기부한다. 2HJ 직원과 봉사자가 코스트코로 가서 식료품을 받아 그것을 다시 시설로 보낸다. 도쿄 신궁 근처에 있는 한 레스토랑에서는 일주일에 한 번 여성보호소에 도시락을 제공한다.

식품업체나 수입회사 등 약 40개사에서 기부받은 식품은 푸드 뱅크 직원과 봉사자가 차로 운반도 하고 식품회사의 물류 시스템을 이용해 단체나 시설에 전달되기도 한다.

가정에서 남는 식품을 기부하는 '푸드 드라이브Food Drive'가 최근 몇 년 사이에 일본에서도 조금씩 확산되고 있다. 집에 남아도는 통조림이나 조미료 등 보관이 가능한 식품을 각자 학교나 직장 등으로 가져와 모은 것을 푸드 뱅크로 보내면 푸드 뱅크에서 그것을 시설로 보낸다. 특가 판매로 너무 많이 산 식품이나 가족이 잘 먹지 않는 증정품 등을 뜻깊게 활용할 수 있다. 2007년에는 여성 전용 피트니스클럽 '커브스 저팬'이 전국 약 600지점 회원들에게서 한 달간 식품 약 50톤을 모으기도 했다. 인터내셔

널 스쿨 등 학교 단위에서 벌이는 활동도 정착되고 있다.

미국 푸드 뱅크에서는 시행하지 않지만, 2HJ에서는 일주일에 한 번 노숙인들에게 무료 급식을 하며 단체가 아닌 개인 앞으로도 식품을 보낸다. 오래 변질되지 않는 식품 위주로 약 15킬로그램을 상자에 담아 보낸다. 대상은 난민지원단체와 여성보호소에서 소개받은 가족 약 100세대이다. 이들은 대부분 망명신청자들이다. 난민으로 인정받지 못해 일도 할 수 없는 처지라 먹을 것이 필요하다.

타국에서 건너와 근근이 생계를 이어 가는 이주노동자, 남편의 폭력이나 인신매매단에게서 도망쳐 나와 한창 식욕이 왕성한 자녀들과 죽을힘을 다해 생활하는 여성들에게도 보낸다. "지하철 요금도 없다." "수중에 있는 것이라고는 500엔짜리 동전뿐이다." 하는 사람들에게 한 달에 두 번 배달되는 식품들은 그야말로 '생명 줄'이다.

일본에도 '어려운 사람'이 있을까

'남은 음식을 어려운 사람에게' 보낸다는 푸드 뱅크 활동을 설명하다 보면 찰스는 으레 다음과 같은 질문을 받는다.

푸드 드라이브로 모인 식품. 오른쪽이 찰스 맥질튼(2HJ 창고에서).

"기부받은 식품을 어느 나라로 보냅니까?"

찰스가 "국내에서 쓰입니다"라고 대답하면 한결같이 의외라는 반응을 보인다는 것이다. 식량 사정이 어려운 것은 분명 아프리카 등 '가난한 나라' 사람들이다. 일본에는 그런 사람들이 없으리라 철석같이 믿는 것이다. 설사 빈민이 있더라도 개발도상국의 기아 난민만 하겠느냐 말하기도 한다.

앞서 말했듯이 2HJ가 식품을 보내는 곳은 주로 시설이나 단체이다. 언론 매체에 2HJ 활동이 소개되면 많은 사람이 '자신에게도 음식을 보내 달라'는 전화를 걸어 온다. 하지만 원칙적으로 개인에게 보내는 경우는 신뢰하는 단체를 매개로 할 때뿐이다. 당사자가 어떤 사람이고 얼마나 어려운지를 2HJ에서 확인할 길이 없기 때문이다.

그런데 문제는 일본 빈민들은 조직되어 있지 않다는 점이다. 미국에서는 교회를 중심으로 지역 공동체가 이루어져 있지만, 일본에는 구심점이 될 만한 곳이 없다. 2008년 현재 2HJ는 아동보육시설과 여성보호소, 난민과 노숙인을 지원하는 단체 등 약 60개소에 식료품을 보낸다. 하지만 '굶주림에 고통받는 사람들은 점점 더 사회에서 보이지 않고 있다'고 찰스는 생각한다.

기타큐슈에서 혼자 살던 한 남자가 일기장에 '주먹밥이 먹고 싶다'는 글을 남긴 채 세상을 떠난 것이 2007년이었다. 그는 죽은 지 한 달이 지나서 발견되었다. 한때 생활보호를 받았지만, 복지사무소의 권고로 수급을 그만둬야 했다. 그의 일기장 여기저기에는 행정적 처우에 대한 불만과 배고픔, 궁핍을 호소하는 말들이 남아 있었다(《마이니치신문》 2007년 7월 11일 석간).

'21세기 일본에 굶어 죽는 사람이 있다.' 이 사실에 나는 큰 충격을 받았다. 그러나 조사를 해 보면, 매년 일본에서는 50명에서 100명에 가까운 사람이 굶어 죽고 있다. 후생노동성의 '인구실태통계'에서 1996년부터 2006년까지 11년 동안 '영양 부족'으로 죽은 사람은 무려 810명이나 되었다. 이것은 의사가 사망 진단서에 '영양 부족'이라고 기록한 수이므로, 다른 병명이 붙여진 경우도 감안하면 실제로는 더 많을 것이다.

매주 토요일 나들이 나온 가족들로 붐비는 우에노 공원 한쪽 구석에는 미술관이나 박물관 관람을 위해 줄 선 사람들과는 분위기가 사뭇 다른 사람들이 만든 또 하나의 긴 줄이 있다. 2HJ가 제공하는 무료 급식을 타기 위해 늘어선 줄이다. 매번 5백 명 정도가 수프와 밥을 받아들고는 이내 자리를 잡고 앉아 묵묵히 먹기 시작한다. 최근에는 이삼십 대로 보이는 사람도 눈에 띈다.

'노숙인 네트워크' 이쿠타 다케시生田武志 대표에 따르면, 홋카이도에서 오키나와까지 노숙인 수가 3만 명 정도라고 한다

(2007년). 이들은 대부분 알루미늄 캔 같은 것을 모으는 일을 하는데 월 평균수입이 약 4만 엔(약 52만 원)이다. 오사카에서는 굶거나 얼어 죽는 사람, 치료를 못 받아 거리에서 숨지는 노숙인이 1년에 2백 명도 넘는다. 가마가사키에서는 '한 끼도 못 먹는 날이 있다'고 말하는 사람이 12퍼센트나 된다(《아사히신문》 2007년 12월 1일).

일본에서는 연 수입이 2백만 엔(약 2600만 원)이 채 안 되는 노동자가 취업 인구의 5분의 1 이상이고, 노숙인이 되기 직전의 사람들, 아무리 열심히 일해도 그만큼 보상을 못 받는 워킹 푸어working poor들이 급증하고 있다. 그러나 얼마나 많은 이가 빈곤하게 살고 그중 굶주리는 이가 얼마나 되는지 정부는 정확한 통계 자료를 가지고 있지 않다. 오랫동안 '일본에는 빈곤이 없다'는 인식이 사회적으로 깔려 있었고 최근에는 '격차' 같은 말로 빈곤 문제를 얼버무리고 있는 듯하다.

빈곤·사회적 배제와 복지정책 전문가인 니혼 여자대학 이와타 마사미岩田正美 교수는 《현대의 빈곤現代の貧困》(筑摩新書, 2007)에서 문제 원인을 다음과 같이 지적한다.

고도 경제성장과 함께 국민의 의무보험과 의무연금체제가 확립되면서 일본 사람들은 대부분 기본적으로 빈곤 문제는 해결되었다고 믿고, 이른바 '전 국민의 중산층화'로 표현되는 패전 이후의 경제적 부흥 과정에서 발생한 격차와 빈곤 문제에 경종을 울리던 후생성(당시)마저 빈곤 문제에 대한 추궁을 포기해 버렸다.

비영리법인 자립생활지원센터 '모야이もやい' 사무국장인 유아사 마코토湯淺誠도 《빈곤의 엄습貧困襲來》(山吹書店, 2007)에서 다음처럼 말하고 있다.

정부가 부인하고 언론이 전달하지 않으며, 일반 시민은 물론 나도 가능하면 보고 싶지 않은 그것이 '빈곤'이다. 그렇지 않아도 개인적인 문제의 배후에 감추어져 있어서 보기 어렵고 알아채기도 힘든데 한 술 더 떠서 가능하면 보고 싶지 않고 알고 싶지도 않다고 생각해 버리는 것. '빈곤'은 그렇게 해서 사회 한쪽 구석으로 밀려나 잊혀지고, 돌보아지지 않은 채 방치되어 왔다.

경제협력개발기구OECD 보고서(2006년)에 따르면, 일본의 상대적 빈곤율은 13.5퍼센트로 선진국 중 미국(13.7퍼센트)에 이어 두 번째로 높다. 보고서는 '10년 전에는 전체 노동자의 19퍼

센트였던 비정규직 노동자 비율이 30퍼센트 이상으로 증가한 것이 소득 격차를 더 크게 벌린 요인'이라고 지적한다. 쓰루분카 대학 고토 미치오後藤道夫 교수의 추계에 따르면, 빈곤 세대는 총 세대의 25퍼센트 전후이며 근로 세대 가운데에도 약 20퍼센트나 된다. 더욱이 여기에는 생활보호수급세대(2006년도 평균 108만 세대)가 포함되어 있지 않다(〈워킹 푸어 증대의 전사와 배경 ワーキングプア増大の前史と背景〉《세카이》2008년 1월호).

가장 심각한 것은 모자母子 세대이다. 세대당 평균소득액이 약 233만 엔(약 3000만 원)으로, 전 세대 평균의 40퍼센트밖에 못 미치고, 생활 형편이 '어렵다'고 대답한 세대는 80퍼센트에나 달한다(〈국민생활기초조사〉 2005년).

2006년부터는 생활보호수급 시 고령가산제가 폐지되어 고령생활보호대상자의 생활은 더욱 힘들어졌다. 일본민주의료기관연합회가 70세 이상의 생활보호대상자를 대상으로 생활 실태를 조사한 바에 따르면 52.3퍼센트가 '고령가산제 폐지 이후 식비가 부족하다'고 대답했다(2007년).

노인들뿐만 아니라 장애인, 다중채무자, 난치병 환자 등 생활하기 어려운 사람은 많다. 경찰청이 조사한 바에 따르면, 2007년에 자살한 사람은 약 3만 3천 명으로 유서를 남긴 사람들 중 약 30퍼센트가 '경제·생활 문제'로 곤란을 겪었다.

빈곤과 비정규직 고용 문제는 요즘 만화와 문학의 소재로도 곧잘 등장한다. 그러나 정신과 의사 사이토 다마키斎藤環는 이런 현상에 대해 다음과 같이 지적한다.

"요즘 만화와 문학에는 과거의 프롤레타리아 문학과 같은 주장이나 고발이 없으며 무엇보다 등장인물이 모든 것을 자기 책임이라고 생각한다. 피해자가 자학을 하는 것이다."(《아사히 신문》 2008년 3월 6일)

이는 '자기 책임'이나 '자기 노력'을 강조하는 오늘날의 일본을 보여 주는 것이기도 하다. 어려운 처지에 놓인 당사자들조차 자신을 부끄러워하고 탓하며 아무런 주장도 하지 못하는 상황에 있다.

"물질이 넘쳐 나니 일본은 풍요로운 나라라고 착각을 합니다. 가난하면 가난할수록 죽은 듯이 살면서 아무런 주장도 하지 못하는 나라가 일본 아닙니까? 가난한 사람들이 보이지 않는 것이 풍요로운 사회가 아니라 빈곤이 그대로 드러나는 것이야말로 진정으로 성숙하고 풍요로운 사회가 아니겠습니까?"

2HJ 이사이자 일본기독교단 햐쿠닌초 교회의 아소 도시후미 阿蘇敏文 목사는 반문한다.

식품안전보장

설사 굶지는 않더라도 매일 컵라면이나 스낵과자로 끼니를 연명하는 것은 제대로 된 식생활이 아니다. 스물다섯 살인 가와사키 쇼헤이 川崎昌平는 자신의 책 《네트카페 난민ネットカフェ難民*》(幻冬舍新書, 2007)에서 다음과 같은 글을 남겼다.

"네트카페의 식량 사정은 초라하다는 말로밖에는 표현할 수 없다. 돈을 내고 살 수 있는 것이라곤 컵라면과 스낵과자가 고작이다. (…) 네트카페 난민 주제에 맛을 따지는 것 자체가 이상하다 생각할지 모르지만 사치스러운 이야기가 아니다. 그들도 열심히 사는 사람들이다."

일본민주의료기관연합회 관계자들은 조사 과정에서 고령의

• 아르바이트로 생계를 꾸리고 일정한 거처 없이 인터넷 카페나 만화방에서 숙식을 해결하는 빈민계층을 이르는 말.

생활보호대상자들에게서 다음과 같은 이야기도 들을 수 있었다.

"돈이 없으면 가장 먼저 식비를 줄인다."
"월말이 되면 하루에 한 끼만 먹는다."
"허기를 물로 채우면서 견딘다."

이런 상태를 두고 푸드 뱅크에서는 "푸드 시큐리티가 결여되었다"고 말한다. 푸드 시큐리티food security, '식품안전보장.' 의미가 확실히 와 닿지는 않지만 세계식량농업기구FAO는 '모든 사람이 건강하고 풍요로운 인생을 사는 데 필요한 영양과 기호를 만족시키는 안전하고 영양이 풍부한 음식을 언제든 충분히 얻을 수 있는 상태'를 푸드 시큐리티라고 정의한다. 삼시가 제대로 보장되어야 하고, 식생활이 안정되어 있어야 한다는 것이 요지다.

미국 농무부는 '가족이 모두 안전하고 영양가 있는 먹을거리를 구할 수 있고 사회적으로 바람직한 먹을거리를 바람직한 방법으로 얻을 수 있는 가정'이 식품안전보장이 지켜지는 가정이라고 정의한다. 긴급 식료품을 원조받거나 좀 더 구체적으로는 쓰레기통을 뒤지거나 도둑질을 하거나 부정을 저지르거나 하여 먹을 것을 구해야만 하는 상황에서는 식품안전보장도가 낮을 수밖에 없다.

　농무부에서는 식품안전보장 정도를 다음과 같은 항목으로 측정한다.

　'식비가 들어오기 전에 먹을 것이 다 떨어지는 게 아닐까 걱정한 적이 있다.'
　'균형 있는 식사를 하는 것은 경제적으로 무리라고 생각한 적이 있다.'
　'먹을 것을 살 돈이 모자라서 식사 양을 줄이거나 식사를 거른 적이 있다.'
　'먹을 것을 살 돈이 모자라서 하루 종일 아무것도 먹지 않은 날이 있다.'

　지난 12개월 동안 이런 일들이 얼마나 잦은 빈도로 일어났는가를 묻는다. 농무부 통계에 따르면, 2006년에는 약 11퍼센트 세대 즉, 3550만 명으로 추정되는 미국인이 '식품안전보장이 낮은 상태 Low food security'였다. 이 가운데에서도 '식품안전보장이 아주 낮은 상태 very low food security'였던 4퍼센트 가정에서는 경제적인 이유로 1년 사이에 가족 중 누군가가 굶거나 식사 양을 줄였다.

미국 푸드 뱅크 전국 조직인 'ASH(America's Second Harvest)' 지원을 받는 가정 42퍼센트가 '공공요금, 광열비를 식비에서 충당한다'고 대답했으며, 35퍼센트가 '집세와 융자', 32퍼센트가 '약값과 의료비'를 식비에서 충당한다고 대답했다.

굶지는 않을지 모르지만 식품안전보장이 낮은 사람이 일본에도 많다. 2HJ에서는 그 수를 65만 명으로 헤아리는데, 찰스는 "이것은 가장 낮게 잡은 수치"라고 강조한다. 실상은 그 누구도 알지 못한다. 웬만큼 주의해서 귀를 기울이지 않는 한 이들의 목소리는 일본이라는 사회 속에 파묻혀 버리기 때문이다.

2장

푸드 뱅크의 탄생

2005년 10월 5일, 미국 애리조나 주의 호스피스에서 한 남자가 숨을 거두었다. 존 헨겔John Hengel. 여든세 살이었다. 그는 푸드 뱅크가 시작된 미국에서 '푸드 뱅크의 아버지'로 불리었다.

  전자판《뉴욕타임스》와《워싱턴포스트》에 따르면, 헨겔은 40대부터 애리조나 주 피닉스 시의 수프 키친*에서 봉사를 했다. 낡은 옷을 입고 차고 위의 아파트에서 살아야 할 만큼 그 역시 넉넉하지 못해 수프 키친에서 끼니를 때우곤 했다.

- 빈민을 위한 무료 식당.

어느 날 그는 식당에서 아이 열 명을 둔 싱글맘과 만났다. 남편은 사형수였다. 한창 자랄 아이들에게 충분히 먹이지 못해 얼마나 힘드냐며 헨겔이 묻자 그녀는 이렇게 대답했다.

"가까운 슈퍼의 쓰레기통을 뒤지면 먹을 만한 것들이 꽤 나와요."

헨겔은 경악했다.

"충분히 먹을 수 있는 음식들이에요. 다만 쓰레기통에서 줍는다는 게 조금 그렇지만요. 쓰레기통에 버리지 말고 어디 다른 곳에 놓아 주면 좋을 텐데……."

헨겔은 곧바로 슈퍼마켓으로 달려가 쓰레기통을 뒤져 확인해 보았다. 아직 냉동 상태 그대로인 냉동식품, 조금 시든 당근, 굳기 시작한 빵……. 모두 충분히 먹을 수 있는 것들이었다. 식품 매장 책임자를 만나려고 슈퍼마켓 작업장으로 가 보니 병 하나가 깨졌다는 이유로 버려진 케첩 박스도 보였다.

"먹을 수는 있지만 팔지 못하는 식품을 버릴 거라면 차라리 기부를 해 주셨으면 합니다."

헨겔은 매장 책임자와 지점장에게 부탁했다. "예(Yes)"라는 대답을 받아 낸 그는 다른 할인점으로도 돌아다니며 설득했다. 그리고 지역 교회에서 창고를 빌려 기부받은 식품을 그곳으로 옮겼다. 할인점은 식품을 버리지 않아도 되고, 식품이 필요한 복지단체 사람들은 창고에 와서 식품을 꺼내 갈 수 있었다.

"음식에도 은행 같은 곳이 있으면 좋겠다"는 그 싱글맘의 말에서 힌트를 얻은 헨겔은 1967년 미국 최초, 아니 세계 최초로 푸드 뱅크를 만들었다. 창고를 제공한 교회 이름을 따서 '세인트 마리스 푸드 뱅크St. Mary's Food Bank'라고 이름 지었으며, 처음 1년 동안은 식품 약 110톤을 단체 26곳에 나누어 주었다. 헨겔과 불과 봉사자 몇 명이 함께 활동했다.

이윽고 '푸드 뱅크'라는 아이디어가 미국 각지로 퍼져 나갔다. 100여 년 전부터 교회 등을 중심으로 수프 키친이 존재했지만 돈을 들이지 않고 굶주림의 문제와 싸운다는 발상이 신선했던 것이다.

봉사자들은 교외의 농가를 찾아가 수확을 끝낸 밭에서 채소나 과일을 주워 모아 나누어 주기도 했다. 1976년 헨겔은 '두 번째 수확'을 뜻하는 '세컨드 하비스트Second Harvest'라는 조직을 만들어, 푸드 뱅크를 만들기 위한 상담을 시작했다. '아메리카즈 세컨드 하비스트America's Second Harvest(2008년 9월에 Feeding America로 다시 바뀜, 이하 피딩 아메리카)'로 이름을 바꾼 이 조직은 200개가 넘는 푸드 뱅크로 이루어진, 굶주림과 싸우는 미국 최대의 조직이 되었다.

말년에 헨겔은 파킨슨병을 앓으면서도 아프리카와 남미의 푸드 뱅크 설립에 온 힘을 쏟았다. '누구도 굶주려서는 안 된다.' 소박하지만 강한 신념을 관철시킨 생애였다.

마켓이 찾아오다

푸드 뱅크 제1호가 탄생한 지 40여 년이나 되었다. 지금 미국 푸드 뱅크는 어떻게 돌아가고 있을까? 2008년 4월 나는 미국의 세 번째 도시인 시카고를 찾았다.

커다란 통유리에 통풍이 잘되는 출입구. 접수처 직원에게 용건을 말하자 "담당자가 곧 오실 테니 소파에서 기다려 주십시오." 하고 말한다. 4년 전, 총 공사비 3천만 달러를 들여 지었다는 세련된 오피스 빌딩. 이것이 정말 비영리단체 푸드 뱅크의 건물이란 말인가? 시카고 시내에서 차로 15분 정도 거리에 있는 '그레이터 시카고 푸드 디파저테리(Greater Chicago Food Depositary, 이하 그레이터 시카고)에서 경험한 첫 번째 놀라움이었다.

월급을 받는 직원은 1백30 명. 홍보 담당자 밥 더건의 안내로 창고를 구경했다. 마치 큰 식품회사 같았다. 미식축구장의 5배 크기라고 했다.

아침 6시. 지게차 몇 대가 바쁘게 왔다 갔다 하며 벌써 대기해 있는 트럭에 식품을 운반하고 있었다. 트럭은 20대가 움직인다고 했다.

"이제 일리노이 주 쿡 카운티에 있는 6백 곳이 넘는 '팬트리 pantry*'와 수프 키친, 대피소 등에 식품을 배달합니다. 작년에는 50만 명에게 1만 8천 톤을 나누어 주었습니다. 매일 8만 4천 명분의 음식을 제공한 셈입니다."

더건의 설명이다.

적하장에서는 길이 6미터가 넘는 '프로듀스 모빌 Produce Mobile'이라는 냉장·냉동고에 채소와 과일을 싣고 있었다. '프로듀스'란 농작물을 뜻한다. 최근 수요가 늘면서 생선, 채소 같

* 교회 등에 있는 식료품 창고.

2장 _ 푸드 뱅크의 탄생 57

미식축구장 다섯 배 크기의 그레이터 시카고 창고.

은 신선한 식료품들을 더 많이 취급하게 되었다고 한다.

"오늘은 좋은 멜론이 들어왔어요. 그 밖에 감자, 양파, 잘게 썬 샐러리……. 매일 프로듀스 모빌 두 대에 차곡차곡 쌓아 놓았다가 이곳저곳으로 배달하고 있죠. 상자도 같이 실어 갑니다. 모두 상자에 포장된 것을 아주 좋아하니까요."

운전기사 마이크 미시티가 자랑스러운 듯 말했다.
프로듀스 모빌은 이른바 '달리는 마켓'이다. 매일 두 군데, 한 달에 40개소의 거점으로 향한다. 2006년도에는 채소와 과일 약 1500톤을 배달했다고 한다.

"일주일에 두 번 시카고 청과물 시장에 갑니다. 생산자들이 기부를 해 주지요. 이 멜론은 조금 흠집이 나 있지요? 모양이 예쁘지 않아서 상품 가치가 없어졌지만, 지금 잘라서 보여 드릴게요. 자, 이렇게 싱싱해요. 케이크는 할인점에서 나온 것인데요. 아직 이름을 써 넣지 않았습니다. 생일이라는 건 매일 어디서든 꼭 누군가에게 찾아오는 법이지요."

30년 전, 봉사자 몇 명이 모여 만든 그레이터 시카고. 창설자

중 한 사람은 '아직 먹을 수 있는 채소와 과일을 버리고 싶지 않다'고 생각한 시장市場 관계자로, 푸드 뱅크 사무실도 처음에는 그 시장에 있었다고 한다.

배달하러 나가는 미시티를 따라 나섰다.

그날 아침 프로듀스 모빌이 향했던 곳은 쿡 카운티 남부의 아프리카계 미국인 거주 지역에 자리한 교회였다. 근처 사람들이 벌써 2시간 전부터 줄을 서서 트럭이 도착하기를 기다리고 있었다. 족히 1백 명은 되어 보였다. 트럭이 주차장에 멈추자, 봉사자들이 차 양 옆에 붙어 있는 문을 열고 물건들을 척척 내려 긴 테이블 위에 올려놓았다. '즉석 마켓'이 완성되었다.

"감자, 양파는 한 명당 두 봉지씩이에요. 바나나는 한 무더기를 가져가셔도 괜찮습니다. 케이크도 한 사람에 하나씩 돌아갈 테니 안심하세요."

지역에 따라서는 차 주위를 자유롭게 돌아다니며 '쇼핑'(물론 무료로) 할 수 있게 하는 곳도 있다고 하지만 이 교회에서는 혼란을 피하려고 봉사자들이 봉지에 음식을 나누어 담아 순서대로 건네주고 있었다. 지팡이를 짚은 노인과 커다란 쇼핑 카트를 끌고 온 여성, 휠체어를 탄 젊은이가 봉지를 받아 갔다.

프로듀스 노빌(뒤쪽)의 문을 열면 마켓이 된다.

"실업자가 많아서 이 지역 사람들에게 매달 한 번 무료로 나누어 주는 채소와 과일은 매우 소중합니다. 그런데 한낮인 이 시간대에는 받으러 나올 수 없는 워킹 푸어도 많습니다. 일을 해도 굶주릴 수밖에 없는 그들의 문제도 사실은 심각합니다."

제프리 호지스 목사의 말이다.

늘어만 가는 워킹 푸어 가정에도 지원의 손길을 뻗기 위해 그레이터 시카고는 2007년부터 야간이나 주말에 '이동식 팬트리'도 운영했다. 통조림 등 오래 보관할 수 있는 식품도 차에 싣고 매월 중점 지역 여섯 곳에서 가게를 연다.

쉰다섯 살인 미시티는 아침 6시부터 일하고 가끔은 야간이나 주말에도 당직을 서는데 그레이터 시카고에서 일한 지 5년째다. 미국인치고는 몸집이 작지만 언제나 활기차고 즐겁게 일한다.

"스무 살 때부터 트럭을 몰았는데 지금 푸드 뱅크에서 하는 일이 정말 좋아요. 물론 운송회사에서 일하는 편이 수입은 좀 더 나을지 모르죠. 하지만 이 일은 어디를 가든 모두에게 환영을 받아요. 매일매일 알차고 보람찬 기분을 맛보며 잠자리에 들죠."

미시티가 헌신적으로 일하는 데는 이유가 있다. 과거에 그는 알코올 중독으로 직장을 잃고 빈털터리가 되었던 적이 있었다. 먹을 것이 바닥나서 맥도날드와 버거킹의 쓰레기통을 뒤지기도 했다.

"먹을 것이 넘쳐 나는 나라에서 누구도 그런 비참한 처지에 놓이지 않았으면 좋겠어요. 아니, 그런 일은 있어서는 안 되죠."

어려운 이들의 마음을 잘 알기에 그는 '어떤 음식이든 아깝게 버리지 않고 효율적으로 써야겠다'고 누구보다 강하게 마음먹는다고 한다.

더건이 "지금이야 괜찮지만 겨울에는 영하로 내려가는 데다가 시카고는 바람도 강해서 추위가 장난이 아녜요."라고 말하자, 미시티는 "끄떡없다." 며 웃는다.

"나이를 먹어 힘이 달리는 경우도 있지만, 일이 힘들다고 생각한 적은 한 번도 없어요. 하느님이 이끌어 주신 일인걸요. 굶주려서 쓰레기통을 뒤졌던 것도 지금 생각하면 하느님이 일부러 경험하게 해 주신 것 같아요."

푸드 뱅크의 아버지로 불린 헨겔과 마찬가지로 미시티 또한 강한 신념으로 매일매일 음식을 배달하고 있었다.

음식을 구출하라

그레이터 시카고가 평소에 모아서 나눠 주는 식료품은 650곳이 넘는 식품회사와 할인점 등에서 기부받은 것이다. 모인 식료품을 봉사자들이 분리하면, 시설이나 단체 사람들이 와서 가져가기도 하고 그레이터 시카고에서 트럭으로 운반해 주기도 한다.

'푸드 레스큐 food rescue'라는 활동도 한창이다. 푸드 뱅크 사람들이 할인점이나 레스토랑, 호텔 등에서 음식을 '구출 rescue'하여 그 길로 팬트리나 수프 키친으로 배달하는 것이다. 구출이라는 말을 쓴 까닭은 그렇게 하지 않으면 그대로 버려질 운명인 음식들이기 때문이다. 차량은 반드시 온도를 조절할 수 있는 냉동차를 사용하고, 운전기사는 식품 위생에 관한 전문 자격이나 지식을 갖춘 사람들이다.

당일이 판매 기한인 할인점의 고기, 유제품, 샌드위치와 전날 저녁 '오늘의 스페셜 메뉴'로 준비했다가 남은 레스토랑의 음식 등으로 모든 팬트리와 수프 키친의 상차림은 호화로워진다. 봉

슈퍼나 식품회사 등이 기부한 제품. 푸드 뱅크 내에서 분리된다.

사자들은 시카고의 대규모 식품업계 행사장에서도 엄청난 양의 식품들을 '구출' 해 낸다. 다른 주의 푸드 뱅크에서는 매일 아침 중심가에 늘어선 호텔들을 돌면서 식료품이 담긴 박스들을 차례차례 거두어들인다고 한다.

시스템이 효율적이라고 해도 식중독 같은 사고가 일어날 염려는 없느냐는 물음에 그레이터 시카고 운전기사들은 웃으면서 말한다.

"이곳에서도 다른 곳에서도 사고가 발생했다는 소리는 한 번도 들은 적이 없습니다. 아침에 거두어들여서 그날 중에 모두 먹어 버리는걸요. 상할 틈이 없습니다."

식중독 등 기부한 것 때문에 발생할지도 모를 사건에서 기부자를 보호하는 법률도 있다. 1996년에 제정된 '빌 에머슨 식량기부법 The Emerson Good Samaritan Food Donation Act'이다. 이것은 원래 각 주마다 있던 '착한 사마리아인 법 The Good Samaritan Law*'을 연방 차원에서 통일한 것으로, 선의로 기부한 식품이 원인이 되어 어떠한 불상사가 일어났을 때 고의나 중대한 과실로 인한 것이 아닌 한 기부한 사람은 민사 혹은 형사상의 책임을 지지 않는다는 법률이다. 실제로 이 법이 적용된

적이 없기는 하지만 푸드 뱅크의 활동에 든든한 뒷받침이 되고 있다.

또한 기업은 과세소득의 10퍼센트, 현물 기부의 경우 많게는 원가의 2배까지 세금 공제를 받을 수 있다. 기업 입장에서도 식품을 폐기하기보다는 기부하는 편이 이득이 되는 시스템이다.

"일본에는 아직 이런 법률이 없나요? 그렇다면 기업이 굳이 기부하려고 나서지는 않겠네요."

미국의 푸드 뱅크 직원들은 저마다 이렇게 이야기했다.

시간을 기부하는 사람들

"일본에서 일부러 푸드 뱅크를 취재하러 오셨다고요? 수고가 많으시네요. 시카고에 일본의 훌륭한 야구선구가 와 있지요. 뭐, 제가 응원하는 팀은 아니지만요."

● 자신에게 특별한 위험이 생기지 않는데도 곤경에 처한 사람을 구해 주지 않은 행위를 처벌하는 법.

아침 6시가 조금 넘은 시각, 몸집이 산타클로스 같은 롭 랜디가 그레이터 시카고의 봉사자 휴게실에서 나를 상냥하게 맞아주었다. 랜디는 14년 동안 그레이터 시카고에서 봉사자로 일해왔다. 최근 몇 년은 프로듀스 모빌과 푸드 레스큐 활동에 참여하여 작년에는 피딩 아메리카로부터 표창장을 받았다.

랜디는 1999년에 재무부를 퇴직한 뒤 지금은 연금을 받으며 생활하고 있다. 재무부에 몸담던 시절에는 한 달에 한 번이던 봉사 활동이 2007년 들어서는 125일을 넘겼다.

"보상은 없지요?"

내가 확인차 묻자 랜디는 의아스런 표정을 지었다.

"아, 돈으로는 그렇죠. 하지만 가는 곳마다 저에게 감사해 하니까요. 돈보다 훨씬 값지죠."

그레이터 시카고에는 랜디 같은 정년퇴직자 봉사자가 많다. 아니 남녀노소를 불문하고 각계각층 사람들이 '시간의 기부'라는 형태로 푸드 뱅크 활동을 돕는다. 지난 1년 동안 봉사자 약 1만 4천 명이 총 9만 시간의 노동을 기부했다. 처음으로 뭔가 봉사를 하겠노라 결심한 학생들도 대개 지역의 푸드 뱅크를 택한 다는 이야기도 들은 적이 있다. 푸드 뱅크는 미국인에게 그만큼 친숙한 곳이다.

그레이터 시카고에서 봉사하려면 미리 연락해 일정을 조정하고 개인이나 그룹, 회사 단위로 참가해야 한다. 그룹의 경우 많게는 60명까지 받는다고 한다. 봉사자들이 가장 많이 하는 일은 '리팩repack'이라는 작업이다. 식품회사에서 박스째 보내는 제품을 세분하거나 품목마다 분류하며 유통 기한 등을 확인하는 일이다. 내가 견학할 때도 수십 명으로 이루어진 그룹이 벨트컨베이어 앞에 서서 왁자지껄하며 즐겁게 작업하고 있었다.

한편 가정이나 기업, 지역 단위로 오래 보관할 수 있는 식품을 모아 푸드 뱅크에 기부하는 '푸드 드라이브'도 일반인이 손쉽게 할 수 있는 봉사이다. 그레이터 시카고 관내에서는 지난해 6백여 건의 크고 작은 푸드 드라이브가 이루어져 식료품 약 260톤이 모였다.

푸드 드라이브 덕에 재미있는 시도도 이루어지고 있다. 전국 우편배달부조합이 매년 날을 정해 푸드 드라이브에 협력하고 있는 것이다. 그날 우편배달부들은 우편을 배달하는 김에 통조림 등 그간 가정에서 모아 두었던 것들을 거두어들여 지역 푸드 뱅크로 보내 준다. 이것을 '스탬프 아웃 헝거stamp out hunger'

컨베이어로 이동되는 식료품을 상자에 채우고 있는 봉사자들.

라고 하는데, 스탬프 아웃이 '근절'을 뜻하니 '배고픔을 근절하자'는 의미다.

2008년 5월 10일에 실시된 열여섯 번째 스탬프 아웃 헝거에서는 식료품 약 3만 3천 톤이 모였다.

팬트리의 역할

푸드 뱅크라고 하면 미국 사람들은 우선 팬트리를 떠올린다. 팬트리는 교회 안에 있는 일종의 식료품 창고를 가리키는 말이다. 먹을 것이 없어 어려움을 겪는 사람이라면 언제든 들어 와도 괜찮다는 듯이 팬트리에는 통조림처럼 오래 보관할 수 있는 식품들이 항상 비치되어 있다. 팬트리에서는 한 달에 몇 번씩 날을 정해 지역 빈민들에게 무료로 음식을 나누어 주기도 한다. 그레이터 시카고에서 음식을 나누어 주는 장소도 70퍼센트가 팬트리이며 대부분 팬트리는 교회 안에 있다.

시카고 중심가에서 그리 멀지 않은 곳에 있는 교회의 팬트리를 찾아가 보았다. 교회 주변에 사는 주민의 90퍼센트 이상이 아프리카계이다. 1968년 참정권 운동 지도자였던 마틴 루터 킹 목사가 암살당하자 미국 각지에서 폭동이 일어났고 이 지역에서도 방화와 상점의 약탈이 난무했다고 한다. 그때 백인 주민들이 밤을 틈타 마을에서 빠져 나갔는데, 그 바람에 텅 빈 상점과 오피스는 40년이 흐른 지금도 그대로 남아 있다.

이 지역에는 연 수입이 1만 5천 달러(약 1700만 원)가 채 안 되는 가정이 42퍼센트나 된다. 팬트리를 주재하는 다이안 헨리는 말한다.

"우리는 일주일에 두 번 그레이터 시카고에서 음식을 받아다가 일주일에 한 번 팬트리를 엽니다. 이용자는 매주 3백 명 정도이고요. 신분증만 제시하면 월 2회까지 이용할 수 있습니다(대부분의 팬트리는 월 1회). 경기가 악화되다 보니 회를 거듭할수록 새로운 얼굴들을 만나게 됩니다."

서브프라임 모기지 사태로 유가와 식료품 인상에 타격을 받아 미국에서는 팬트리에 의존할 수밖에 없는 사람들이 전국적으로 급증하고 있다. 최근 반년 사이에 이용자가 20퍼센트나 증가한 곳도 있다. 교회 입구에는 배급을 기다리는 긴 줄이 늘어서 있었다.

"노인이나 거동이 불편한 사람을 앞으로 보내 주세요."

팬트리에서 받은 자루 안의 내용물. 빵과 고기, 채소 등도 받는다.

봉사자가 안내하여 자루와 봉지에 미리 담아 놓은 식품을 건넨다. 할인점의 튼튼한 종이봉투가 한 사람당 두 개씩이다. 그 안에는 감자, 양파, 마카로니와 스파게티, 시리얼, 땅콩버터, 쿠키, 주스, 각종 통조림 등 미국적인 식생활에 필요한 여러 종류의 식품이 들어 있다. 양손에 들기에는 묵직한 양이다. 빵이나, 팬트리의 냉동고에서 조금씩 내놓은 냉동 치킨과 햄 종류도 나누어 준다. 이날은 병조림으로 된 유아식도 있었다.

"사려면 아주 비싼 것들이에요. 손자를 돌보는 할아버지, 할머니가 많이 계신데 아주 좋아하십니다."

헨리의 설명이다.

미국 정부는 빈곤선 poverty line* 이하의 가정에 식료품을 구입할 수 있는 '푸드 스탬프 food stamp'라는 쿠폰을 배급한다. 2006년도에만 수급자가 월평균 약 2620만 명(미국 농무부 조사)에 달했는데, 피딩 아메리카에 따르면 매달 중순쯤이면 푸드 스탬프를 다 쓴 사람이 많았다. 또한 푸드 스탬프 수급 자격이 있다는 사실을 모르거나 복잡한 절차로 신청을 포기하는 사람도 많아 실제 지급받을 수 있는 사람의 60퍼센트밖에 못 받는 실정이다.

팬트리에는 푸드 스탬프 수급자는 물론 스탬프를 받지 못하는 사람들도 찾아온다. 그들에게도 무료로 나누어 준다. 헨리에게 "이용하는 데 수입 증명 같은 것은 필요하지 않느냐"고 묻자 그녀는 이렇게 대답했다.

"접수할 때 체크하는 것은 신분증과 월 이용 횟수뿐입니다. 어려운 사람에게 음식을 제공하는 데 장벽을 만들고 싶지 않아요. 얼마 전에도 어떤 사람이 교회 문을 탕탕 두드리며 무엇이든 좋으니까 음식을 달라고, 도와 달라고 했습니다. 그래서 우선 3일치 식료품을 긴급히 꺼내 주었죠."

더건도 이렇게 말한다.

"개중에는 팬트리 이곳저곳을 돌아다니는 사람도 있어서 '팬트리 호핑pantry hopping'이라는 말도 생겨났습니다. 나쁜 생각을 하는 사람도 있을지 모르겠지만 극소수의 그런 사람들 때문에 먹을 것이 절박한 많은 사람을 간과해서는 안 된다고 생각해요."

- 빈곤이라는 상태를 지표화해서 한 사회에서 빈민과 비빈민을 나누는 기준.

방과 후의 아이들

피딩 아메리카에는 그레이터 시카고를 포함한 전국 205개 푸드 뱅크가 가입돼 있다. 이곳을 통해 식료품을 제공받는 사람은 약 2천5백만 명이며 이 중 36퍼센트인 9백만 명이 18세 미만이다.

이 때문에 푸드 뱅크에서는 몇 년 전부터 굶주리는 아이들을 구제하기 위한 프로그램 마련에 힘을 쏟아 왔다. 이를테면, 방과 후의 아이들에게 따뜻한 식사와 간식을 무료로 제공하는 '키즈 카페kids cafe'라는 것이 있다. 이것은 전국 1700곳의 학교와 교회, 보이즈 앤드 걸즈 클럽boys and girls club*에서 열린다. 키즈 카페가 매일 열리는 곳이 있는가 하면 일주일에 두 번 열리는 곳도 있다. 아이들은 이곳에서 식사는 물론, 친구들과 놀기도 하고 숙제도 하면서 부모들이 일터에서 돌아오는 저녁 7시경까지 봉사자들과 함께 지낸다.

그레이터 시카고는 시카고에 있는 42곳 키즈 카페에 식사를 배달한다. 이 음식들은 이후에 소개할 '커뮤니티 키친'에서 정성껏 만들어져 냉동된 상태로 전해진다. 비프스튜나 칠리 콘 카

* 청소년 육성을 위해 활동하는 단체.

니 chili con carne 같은 메인 음식에 빵과 프루트칵테일, 우유 등이 곁들여진다. 키즈 카페에서 먹는 것이 하루 중 유일한 따뜻한 식사인 아이들도 많다.

키즈 카페 외에 푸드 뱅크가 또 하나 주력하는 프로그램이 있다.

1995년 아칸소 주 주도인 리틀록의 공립 초등학교에서 근무하던 양호교사는 어느 날 이상한 변화를 감지했다. 현기증과 복통을 호소하며 보건실을 찾는 아이들이 부쩍 늘었던 것이다. 병이 아니라 배고픔 때문이었다. 그런 아이들은 휴일 다음 날인 월요일과 휴일 전날인 금요일이 되면 점심을 허겁지겁 먹어 댔다. 학교에 가지 않는 주말에는 집에서 제대로 된 식사를 할 수 없기 때문이다.

교사는 지역의 푸드 뱅크와 상담하여 음식을 제공받기로 했다. 그런데 저소득 가정의 아이들에게 그 음식을 들려 집으로 보냈더니, "같은 반 아이들이 가난뱅이라고 놀린다"고 호소하는 아이가 생겨났다. 그래서 교사는 다른 아이들이 눈치채지 못하게 음식을 배낭에 넣어 전달했다. '배낭 프로그램(backpack program)'이라 불린 이 작업은 순식간에 각지로 퍼져 나갔다. 지금은 미국의 110개 푸드 뱅크에서 실시되어 주말마다 배낭(계속 다시 사용된다) 3만 5천 개가 아이들에게 전달되고 있다.

대상이 되는 아이는 학교 측이 판단해 부모에게 편지로 알려 주는 경우가 많다. 배낭 프로그램은 피딩 아메리카에서 실시하는 프로그램 중에서 이용자가 가장 급속히 늘고 있는 것이다. 어떤 푸드 뱅크에서는 배낭에 로고와 마크를 찍어 넣어 아이들이 뿌듯한 마음으로 배낭을 메고 돌아가도록 하는가 하면 배낭을 따로 만들지 않고 비닐봉지에 넣어 살짝 전해 주기도 한다. 교사는 다른 아이들에게 빼앗기지 않도록 "집에 갈 때까지 절대 열어서는 안 된다"고 거듭 당부한다. 형식이야 어떻든 주말이나 여름방학 등 수업이 없는 기간 동안 아이들을 굶기지 않겠다는 마음은(아이들의 영양을 보충시키겠다는) 모두 같다.

시카고의 푸드 뱅크에서는 비닐봉지에 담아 준다. 담당자 마이클 멜처는 그 이유를 이렇게 말했다.

"배낭에 돈을 들이기보다 내용물을 충실하게 하는 편이 더 낫다고 생각했기 때문이죠."

봉지 안에 무엇이 들어 있는지 살펴보았다. 해바라기 씨, 건포도, 애플소스, 시리얼, 땅콩, 영양음료 등 열다섯 종류였다.

"아이들이 집에서 혼자서도 먹을 수 있도록 조리할 필요가 없는 손쉬운 음식들만 담았어요. 이것으로 세 끼분의 열량을 얻을 수 있지요. 영양사와 상담해 당분이 적은, 건강에 더 도움이 되는 식품을 넣으려고 노력합니다."

멜처의 설명이다.

음식물에 '꼭꼭 씹어 먹어요'라고 영어와 스페인어로 쓰인 스티커를 붙이는 한편, 부모들을 위해 영양 정보와 긴급할 때 도움을 청할 연락처가 적힌 안내문도 봉지에 넣는다. 풍요로운 미국에서 혼자 이런 음식을 먹으며 배고픔을 달래는 아이들. 이번 주말에도 이런 아이들은 얼마나 될까? "이용자가 가장 급격히 늘고 있는 프로그램"이라는 말을 떠올리니 마음이 복잡했다.

재활의 기회, 커뮤니티 키친

"오이는 비스듬히 썰까요?"
"비터는 얼마나 넣을까요?"

최신 설비가 갖추어져 번쩍거리는 주방에서 학생들이 주방장을 붙잡고 이것저것 묻는다. 이쪽에서는 디저트인 커스터드를 만들고, 저쪽에서는 밀가루를 반죽해 만든 메인 요리를 오븐에 넣는다. 그런가 하면 채소만 다듬는 사람도 있다.

"뭐든지 처음부터 끝까지 다 만들어요."

하얀 옷을 입은 남자가 '무엇이든지(everything)!' 하며 강조한다. 이곳은 그레이터 시카고 건물 안에 있는 '커뮤니티 키친'이다. 외식산업에 몸담을 인재를 양성하는 요리학교이다. 푸드뱅크와 요리학교. 어찌 보면 이상한 조합 같지만 그레이터 시카고의 케이트 메이어 요리장은 그 목적을 이렇게 밝힌다.

"배고픈 사람들에게 음식을 나눠 주기만 해서는 문제가 해결되지 않습니다. 그들이 기술을 익히고 일자리를 얻어 빈곤의 사슬에서 벗어나도록 해 줄 필요가 있습니다."

커뮤니티 키친은 12주 과정이며 무료이다. 1년에 네 번 개강한다. 초등학교 6학년생 정도의 영어 실력과 계산 능력을 갖추고, 현재 실직 중이거나 고용 상태가 불안정한 18세 이상의 남녀면 누구나 응시할 수 있다. 간단한 필기시험과 면접을 본 뒤 2, 3일간의 시험 교육을 거쳐 입학을 허가한다.

3월부터 시작된 반을 견학했다. 정원 20명으로 시작했지만 4주로 접어들면서 16명으로 줄어 있었다.

"건강상의 이유로 네 명이 그만둔 것이 유감입니다. 아침 7시 반부터 오후 3시 반까지 매일 교육을 받아야 하는데 특히나 추운 시기에는 동 트기 전에 일어나 교실에 오는 것도 힘든 일이지요."

요리사 여섯 명 중 하나인 매니저 안나 존스의 말이다.

학생 중에는 싱글맘이나 노숙인, 형무소에서 출소한 지 얼마 안 된 사람도 있다고 한다. 요리해 본 경험이 있는 사람은 20퍼센트 정도로, 칼 잡는 법부터 배우는 사람도 많다. 4인 기준인 레시피를 읽고 6인분 음식을 만들어야 할 때 양을 어떻게 조절해야 할지 몰라 어려워하는 사람도 적지 않다.

배우는 것은 요리법만이 아니다. 시간관념, 책임감, 팀워크… 사회인으로서 필요한 규칙이나 생활 습관 등도 익힌다. 힘든 환경에서 살아가는 사람들이다 보니 탈락하지 않고 끝까지 가기가 결코 쉽지는 않다. 하지만 존스는 희망을 놓지 않는다.

"여기에 있는 학생들은 모두 지금까지 살아온 인생을 어떻게든

그레이터 시카고 안에 있는 커뮤니티 키친. 수강생 표정이 진지하다.

바로잡겠노라, 이번에야말로 반드시 자립하겠노라 굳게 결심하고 찾아온 겁니다. 그걸 알기 때문에 가르치는 저희들도 보람을 느낀답니다."

커뮤니티 키친에서는 10주 만에 프랑스 요리를 비롯한 각국 요리뿐만 아니라 모든 장르의 기본 요리를 배울 수 있다. 레스토랑에서 변변히 식사 한번 해 본 적 없는 학생들로서는 대부분 처음 맛보는 요리들이다. 이날은 스페인 풍의 요리를 했다. 수강생들은 자신들이 만든 요리로 아침과 점심 식사를 하고 남으면 집으로도 가져간다.

"아침과 점심을 이곳에서 든든하게 먹으니까 저녁에는 먹지 않아도 될 정도예요. 남은 음식은 가족들에게 가져다줍니다. 오늘 만든 요리는 너무 맛있어서 많이 남았으면 좋겠네요."

한 학생이 웃으며 말했다.
마지막 2주간은 호텔과 레스토랑에서 실습을 하고 주에서 실시하는 식품위생시험에도 합격해야 한다. 1998년부터 2008년 현재까지 커뮤니티 키친을 졸업한 학생은 약 5백 명으로 80퍼센트 이상이 취직되었다. 학교의 급식 보조원이던 사람이 조리를 맡게 되어 시급이 3달러나 오른 예도 있다.

커뮤니티 키친은 또 하나 중요한 역할을 한다. 앞에서 말했던 '키즈 카페' 음식을 이곳 학생들이 만든다.

"매일 2200인분을 만들어요. 굉장한 양이죠. 만든 요리는 바로 냉동해 각각의 키즈 카페에서 해동해서 먹을 수 있게 합니다. 아이들이 먹는 거니까 더 세심하게 주의를 기울입니다."

존스의 설명이다.

푸드 뱅크 안에 있지만 커뮤니티 키친은 식재료를 모두 구입한다. 위생에 특히 신경을 써서 뒷정리와 청소를 하는 데 매일 2시간 넘게 쏟는다. 어쩐지 이곳저곳이 반지르르 윤이 났다.

피딩 아메리카에 따르면, 커뮤니티 키친은 전국 17개 푸드 뱅크에서 실시되며, 2007년에는 약 470명이 졸업했고 이 중 70퍼센트가 졸업 후 한 달 안에 취직했다. 커뮤니티 키친은 모두 기부금으로 운영되며, 학교 역할과 함께 키즈 카페와 피난소, 노인복지시설 등에 요리를 제공하는 역할도 한다. 이렇게 푸드 뱅크를 축으로 서로를 지탱하는 지역 시스템이 합리적으로 구축되고 있었다.

네트워크의 힘

시카고에서 가장 큰 빌딩가. 그중 풍치 있는 한 아름다운 빌딩 19층과 20층에 피딩 아메리카 사무실이 있다. 이곳이 전국 205개 푸드 뱅크(미국에 있는 푸드 뱅크의 약 80퍼센트)를 이끌고 움직이는 사령탑이다. 이곳에는 마케팅에서 자금 조달과 정책 제언까지 각 분야 전문가 140명이 근무하고 있다. 자금 조달 한 분야만 하더라도 '개인 담당' '기업 담당' '재단 담당'으로 나뉘어 있다. 기부받은 식품이 부정하게 팔리지는 않는지 끊임없이 감시하는 부서도 있다. 정말 대단한 비영리단체이다.

2006년 사장 겸 CEO로 취임한 사람은 빅키 에스카라Vicki Escarra다. 전 델타항공 부사장이다. 그녀는 공언한다.

"우리 사명은 굶주림을 없애는 것입니다. 현재 2천5백만 명에게 음식을 제공하고 있습니다만 그것만으로는 충분하지 않습니다. 2012년까지 3천1백만 명을 목표로 하고 있습니다."

일본 푸드 뱅크 활동에서는 '아깝다'는 부분이 사람들의 관심을 끌었지만 이 말을 대체할 만한 적절한 영어 단어가 없다. 여하튼 미국 푸드 뱅크의 사명은 어디까지나 굶주림과 싸우고 굶주림을 없애는 것이다.

  1979년에 불과 푸드 뱅크 13개가 연합하여 설립된 피딩 아메리카는 이제 강대한 조직으로 성장했다.

"네트워크가 미국 전역으로 확산되면서 더 효율적으로 서로 제품을 나눌 수 있게 되었습니다."

물류 담당자 칼 색스턴의 설명이다.

"예를 들어 로스앤젤레스 푸드 뱅크가 그 지역 식품회사에서 많은 양의 고기를 기부받았고 시카고에는 시리얼이 남아 있다고 합시다. 그럴 경우 푸드 뱅크 간에 서로 주고받을 수 있다는 거죠. 또 식품회사에서 이곳 본부로 트럭 열 대 분량의 쿠키를 기부하고 싶다고 할 때가 있죠? 그러면 그 정보를 인터넷상에서…."

그는 컴퓨터 화면을 보여 주며 계속 말을 이었다.

"이렇게 멤버들이 모두 바로 공유할 수 있는 시스템을 만들었습니다. 하루에 두 번 받기를 원하는 푸드 뱅크를 입찰로 모집

합니다. 지역 인구와 빈곤율 등을 고려한 후에 분배를 결정하죠. 팩스를 이용하던 때를 떠올리면 정말 편리해졌지요. 일목요연하게 정리되어 한눈에 볼 수 있기 때문에 특정 푸드 뱅크만 우대한다는 식의 불만도 나올 수 없습니다."

연간 제품 90만 톤을 취급한다는 피딩 아메리카. 이곳에 제품을 제공하는 기업은 550개사가 넘는다. 켈로그, 트로피카나, 크래프트, 콘아그라, 크로거, 제너럴 밀스, 프록터앤드갬블 같은 세계적인 기업들도 함께하고 있다.

"식품만이 아닙니다. 아스피린 같은 의약품은 라이선스가 있는 극히 한정된 푸드 뱅크에서만 인수할 수 있기 때문에 취급하지 않습니다만 그 외에 세제, 샴푸, 휴지, 일회용 기저귀, 애완동물 사료, 장난감 등 모든 물품을 기부받습니다."

색스턴의 설명이다.
굶주린 사람들은 음식 이외의 생활필수품을 살 형편도 되지 못한다. 정부가 배급하는 푸드 스탬프로는 식료품밖에 살 수 없어 일회용 기저귀나 애완동물 사료를 주면 특히 고마워한다고 한다.

"그렇다면 이제는 음식만 나눠 주는 푸드 뱅크가 아니로군요?"

내가 묻자 색스턴이 고개를 끄덕였다.

"그래서 최근에는 푸드 뱅크라고 하지 않고 '우리의 네트워크 멤버'라는 말을 쓰죠."

제품뿐만 아니라 1백만 달러 이상의 자금까지 제공하는 이른바 '미션 파트너mission partner' 기업도 있는데, 콘아그라·크래프트·크로거·팸퍼드 셰프·스타 재단·월마트 6개사이다.

그러나 기업이나 재단이 내는 기부금보다는 개인이 내는 기부금이 더 많다. 2007년도에는 약 20만 명이 1천7백만 달러(약 190억 원)가 넘는 돈을 기부했다. 굶주림을 없애자는 취지에 사람들이 공감했기 때문이고 기부받은 식품이나 자금의 98퍼센트가 기아와 싸우는 활동에 온전히 쓰이는 비영리단체라는 그간의 평판 덕도 본 것이다.

덧붙여 말하면, 미국에는 비영리단체에 등급을 매기는 몇 개의 기관이 있다. 이 기관들은 기부한 돈이 얼마나 효율적으로 쓰이고 있는지 인건비로 다 쓰이는 건 아닌지 등을 세세하게 확인한 뒤 결과를 공표한다. 개인이나 기업이 기부할 곳을 선택할 때 이 자료를 참고한다.

각지의 푸드 뱅크는 피딩 아메리카에서 제품의 20~25퍼센트를 받고 나머지는 그 지역에 있는 식품회사, 할인점 등에서 받는다. 기업 창고에서 푸드 뱅크까지 가는 데 드는 수송비는 푸드 뱅크 쪽에서 부담한다. 피딩 아메리카는 운송회사 30곳과 계약을 맺고 있어서 푸드 뱅크들은 가장 싼 운송회사를 소개받을 수 있다.

네트워크의 힘은 재난이 일어났을 때에도 발휘된다. 2005년 9월 허리케인 카트리나가 미국 남동부를 휩쓸고 지나갔을 때, 피딩 아메리카는 재난 지역 가까이에 있는 푸드 뱅크를 통해 물과 비상식, 유아식과 기저귀 등을 이재민들에게 전했다. 피딩 아메리카는 '모든 지역에서 정부보다 빠르게' 대응하였다.

당시 카트리나 이재민 구제 모금액은 총 3천4백만 달러(약 380억 원)였고, 식량과 물자는 트럭 약 2천7백 대 분량이나 되었다. 피딩 아메리카에는 '재해대책반'이 있고, 이들은 언제든 대응할 수 있는 태세를 갖추고 있다.

식료품 삽니다

마카로니와 참치 통조림은 미국인의 식생활에서 빠지지 않는 식품이지만 오래 보관할 수 있기 때문에 폐기품이 그리 많이 나오지는 않는다.

"그래서 식품회사에 부탁해 피딩 아메리카 식품을 만들었습니다."

이 제품을 색스턴이 보여 주었다. 포장 디자인에 전혀 돈을 들이지 않아서 포장지에는 피딩 아메리카 로고와 마크 외에 상품명과 원재료 정도만 쓰여 있었다.

"내용물은 똑같지만 포장비를 최대한 줄여 시판되는 상품보다 훨씬 싸게 만들었습니다. 더욱이 우리는 상당한 양의 식품을 사들이기 때문에 주문 제작할 경우 더 이득을 보지요. 할인점에는 없습니다. 오직 푸드 뱅크 활동을 위해 만들어진 제품이니까요."

"무료로 받은 식품을 무료로 나누어 주는 것." 이것이 푸드

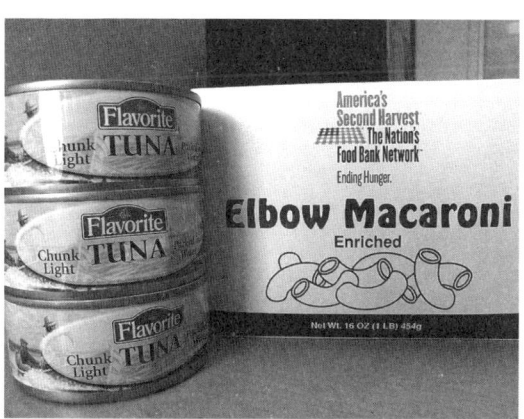

피딩 아메리카가 주문 제작한 식품.

뱅크의 애초 이념이었는데 최근 몇 년 사이에 일부 식품을 사들이게 되었고 나아가 식품을 생산까지 하게 된 것이다. 색스턴은 말한다.

"치열하게 경쟁하는 시대이니만큼 기업도 필사적이에요. 기술 개량을 거듭한 결과 식품회사의 상품 결함이 대폭 줄었습니다. 수송 방법이나 재고 관리도 연구해 전체적으로 그리 많이 낭비하지 않게 되었고요. 마카로니나 참치 외에 시리얼, 땅콩버터 등 수요는 높지만 기부가 잘 이루어지지 않는 식품은 살 수밖에 없습니다."

이런 이유로 피딩 아메리카는 취급하는 식품의 10퍼센트 정도를 사들인다. 푸드 뱅크에 따라 그 비율이 더욱 증가하는 곳도 있다. 최근 들어 수요가 늘고 있는 채소와 과일도 농가와 농업조합에서 원가에 가까운 값으로 구입하고 있다.

각 푸드 뱅크가 피딩 아메리카에 식품을 주문할 경우나, 팬트리나 복지시설 등이 각 푸드 뱅크에서 음식을 인수해 갈 경우에도 '식품 1파운드(약 450그램)당 18센트(약 300원)'를 웃돌게 낸다. 푸드 뱅크에 따라 채소, 과일, 빵 등을 무료로 나누어 주는 곳도 많지만, '주는 쪽과 받는 쪽이 파트너십을 이루어 함께 활동해 간다'는 취지에서 '유지비'를 지불하도록 정했다.

그러나 대부분 팬트리나 수프 키친은 봉사자가 중심이 되어 한정된 예산으로 운영된다. 석연치 않았다. 홍보 담당자 더건에게 돈을 받는 것에 대해 단체들이 반발하지는 않는지 물었다.

"분명 그런 의견도 있을 겁니다. 하지만 식품을 모아서 분류하고 저장하고 나누는 데 상당한 비용이 듭니다. 멤버들도 어느 정도 부담하지 않으면 푸드 뱅크의 활동은 지속될 수 없습니다. 게다가 1파운드에 몇 센트를 지불할 수 없을 정도의 단체라면 틀림없이 광열비와 집세도 내지 못할 겁니다. 우리는 먹을 것을 필요로 하는 사람들에게 매번 확실하게 전달을 하고 싶습니다. 굶주린 사람이 수프 키친을 찾아갔더니 자금 부족으로 문을 닫았다. 그러면 안 되겠지요. 멤버들 역시 착실하게 체력을 키워 나갔으면 합니다. 유지비는 함께 활동해 가기 위한 최소한의 조건이라고도 할 수 있습니다."

유지비는 '제동 장치'로서 효과도 있다.

"모두 무료로 나누어 주면 개중에는 필요 이상으로 요구하는 단체도 생겨날 수 있습니다. 적정량의 식품을 주문하게 하기 위해서도 필요합니다."

한편, 그레이터 시카고에서는 유지비가 '약자 괴롭히기'가 되지 않도록 다양한 '특전'을 마련했다. 냉장고가 부족하거나 오븐이 망가졌다는 상담이 들어오면 푸드 뱅크가 그곳에 보조금을 내주거나 냉장고, 오븐을 기증해 준다. 또 1년에 몇 번 열리는 대대적인 이벤트 행사에서 거두어들인 기부금을 멤버들에게 나누어 준다. 2007년 6월에 열린 '헝거 워크hunger work'에서는 하루 동안에 약 36만 6천 달러(약 4억 원)를 모았다. 이 정도이면 거의 1년분 활동비라고 말하는 단체도 많다.

그레이터 시카고에서는 '팬트리 대학'이라는 강좌도 수시로 열린다. 새로운 팬트리나 복지시설 등이 멤버로 가입할 경우 담당자가 반드시 이 수업에 참여해 식품처리법이나 식중독 예방법 등을 배워야 한다. '봉사자 활용 방법' '자금 조달 방법' '예산 세우는 법' '신청서 작성법' 등을 가르치는 과정도 있다. 이처럼 그레이터 시카고 직원과 외부 전문가들이 단체들이 성장할 수 있도록 여러 노하우를 무료로 가르치고 있다.

굶주림이라는 거대한 적과 싸우기 위해 조직되는 파트너십과 네트워크. 미국의 푸드 뱅크가 성장해 온 배경에는 지역과 국가 차원의 협력이 있었다. 그러나 지금 미국의 푸드 뱅크는 새로운 문제에 봉착했다.

기로에 선 푸드 뱅크

2007년 5월 22일 《월스트리트저널》 전자판에 〈푸드 뱅크가 굶고 있다〉는 충격적인 제목의 기사가 실렸다.

(캘리포니아 주) 몬터레이 카운티의 푸드 뱅크에는 3년 전까지만 해도 움푹 팬 수프 통조림이나 상표를 잘못 붙인 시리얼 등 팔지 못하는 여러 식료품이 3주마다 한 번씩 트럭에 한가득 실려 들어왔다. 18톤가량의 엄청난 양이었다. 그러나 지금은 3, 4개월에 한 번, 그것도 운이 없는 날엔 트럭조차 오지 않는다고 레슬리 써니Leslie sunny 이사장은 말한다. (…) 이처럼 식료품 기부가 줄고 있다는 이야기가 전국의 푸드 뱅크에서 들려온다.

기부가 줄어든 배경을 설명한 기사였다. 식품회사나 할인점 등이 소비자 심리를 더 정확히 파악하게 되면서 팔고 남거나 반품되거나 여분으로 저장해 놓은 상품이 줄어들었고, 기술이 발달

해 상표가 잘못 인쇄되는 일이 줄어든 점이 그 배경이라는 것이다. 즉 푸드 뱅크는 '낭비'를 바탕으로 성립된 것인데 그 낭비가 줄어든 것이다. 피딩 아메리카 사무실에서도 들었던 이야기다.

게다가 지난 몇 년 사이에 '특별한 사정'이 있는 상품을 아주 싼값에 파는 할인점까지 등장했다. 푸드 뱅크에 기부할 만한 식품이 그쪽으로 흘러가는 경우도 있다.

2008년 3월 18일, ABC 방송국 뉴스 프로그램 〈나이트라인〉 전자판은 이 같은 염가할인점들을 다루었다. 이를테면 특정한 캠페인을 위해 특별히 포장한 초콜릿과 통조림들은 캠페인이 끝나면 더는 팔 수 없게 되는데 이것들이 버젓이 진열대에 있었다. 그뿐 아니라 이미 9개월 전에 유통 기한이 지난, 상자에 산타클로스가 그려진 시리얼도 보관 상태가 좋고 내용물에는 전혀 문제가 없다며 진열되어 있었다. 이런 곳에는 푸드 뱅크에서도 취급하지 않는 기한 지난 상품이 70~80퍼센트나 되었다.

이런 할인점을 운영하는 회사 사장은 인터뷰에서 이렇게 대답했다.

"유통 기한이 지난 상품이 많이 나오지는 않지만 나오면 저가로 팔아 버립니다. 이렇게 싼 시리얼을 파는 가게는 별로 없을 거예요. 우리 가게에서 쇼핑을 하면 여러분 식비를 반으로 줄일 수 있습니다."

방영 후 방송국 홈페이지에는 많은 시청자의 의견이 올라왔다. '이런 상품들을 가지고도 이익을 챙기려는 사람이 있기 때문에 푸드 뱅크나 팬트리로 돌아갈 음식이 줄고 있다.' '워킹 푸어 가정은 염가할인점이 도움이 될지 모르지만, 빈곤선 이하의 삶을 사는 사람들에게는 푸드 뱅크가 꼭 필요하다. 그 사실은 왜 전하지 않는가?' 와 같은 의견도 있었다.

그러나 그것은 소수의 의견일 뿐이었다. '그런 가게가 어디에 있는지 가르쳐 달라' '나도 염가할인점을 이용하고 싶다' '유통 기한이 지나도 먹을 수 있다는 사실을 알 수 있어 좋았다' 는 등의 의견이 대부분이었다.

오랜 불황과 식료품 인상이 계속되는 가운데 이들 할인점은 급속하게 매상을 올리고 있다. 피딩 아메리카는 현시점에서 이런 할인점의 영향은 크게 받지 않는다고 말하지만, 앞으로 특별한 사정이 있는 상품들을 둘러싼 쟁탈전이 일어나지 않으리라는 보장은 없다.

각 지역 푸드 뱅크의 진열대를 텅 비게 만든 또 하나의 커다란 요인이 있다.

시카고에서 열차를 타고 서쪽으로 1시간 정도 가면 일리노이

주 세인트 찰스 시에 이른다. 그곳에 있는 '노던 일리노이 Northern Illinois 푸드 뱅크'(이하 북 일리노이) 창고에서 푸드 뱅크들의 현실을 보았다.

"이쪽이 정부가 보낸 식료품들을 보관하는 곳입니다. 보시는 것처럼 텅텅 비어 있습니다."

사업 담당자 스티브 에릭슨이 겸연쩍은 듯 어깨를 추켜올리며 말했다.

"3년 전까지만 해도 가득 차 있었어요. 다른 푸드 뱅크와 마찬가지로 우리 푸드 뱅크가 취급하는 식품의 몇십 퍼센트는 정부에서 보낸 것입니다. 그런데 그 양이 급격히 줄어들었고, 앞으로도 늘어날 것 같지는 않습니다."

미국 정부는 매년 농가를 보호하려고 남아도는 농산물을 사들여 농산물 가격을 안정시키려고 했다. 체리, 복숭아, 건포도, 감자, 아스파라거스, 옥수수, 치즈 등 사들인 다양한 농산물을 푸드 뱅크와 팬트리에 무상으로 제공해 왔다. 그런데 식료품 가격이 치솟아 수매할 잉여 농산물이 나오지 않게 된 것이다.

《LA타임즈》(2008년 1월 12일 전자판)에 따르면, 2001년에 정부는 3억 1900만 달러(약 3560억 원) 상당의 잉여 농산물을 수매하였으나 2006년에는 6700만 달러(약 750억 원) 정도만 사들였다. 이런 상황에서 2007년 말에는 신에너지법*이 제정되었다. 그 바람에 현재 생산량의 50퍼센트에 가까운 옥수수가 가솔린 대체 연료인 바이오에탄올로 둔갑했다.

"대부분 팬트리 그리고 몇몇 푸드 뱅크에서는 정부의 배급을 믿어 왔습니다. 그런데 그런 곳들이 지금 큰 타격을 입고 비명을 지르고 있습니다. 이제 우리는 정부에 의지해서는 안 된다, 정부의 배급은 어디까지나 '보너스'일 뿐이라고 생각을 바꾸었습니다."

북 일리노이 데니스 스미스 이사장은 계속 말을 이었다.

"반면 북부 일리노이 지구에 사는 빈민들은 폭발적으로 늘고 있습니다. 2000년에는 약 19만 명이던 빈민이 약 28만 명으로 45퍼센트나 증가했습니다. 가솔린 가격은 하루하루 최고치를

● 자동차 연비 상향 조정을 포함해 냉장고 등 가전제품과 전구의 에너지 효율성을 높이는 등 석유 소비를 줄이고 대체 에너지 사용을 늘리자는 것이 골자다.

기부 식료품이 줄어들어 텅텅 빈 창고에 서 있는 에릭슨.

갱신하고, 식료품 가격은 지난 반년 동안 평균 5.5퍼센트나 올랐습니다. 유감스럽게도 푸드 뱅크를 필요로 하는 사람은 더욱 늘어 갈 것입니다."

기부하는 식품은 줄고 식품이 필요한 사람은 는다. 푸드 뱅크는 지금 일찍이 경험한 적 없는 사태에 직면해 있다.

"우리 푸드 뱅크에서도 구입할 식품이 많아졌습니다. 작년에는 그 비율이 전체의 16퍼센트였지만 올해에는 20퍼센트를 차지합니다. 사는 양이 증가한다는 것은 그만큼 자금도 필요하다는 말이죠. 자금 조달에 더욱 힘을 기울여서 효율적으로 일을 하는 푸드 뱅크가 되어야만 합니다."

스미스는 근심을 떨쳐 버리지 못했다.

그레이터 시카고의 메이어 이사장도 시대의 변화를 절감하고 있다. 이제까지는 가만히 앉아 있어도 푸드 뱅크로 식료품이 착착 들어왔다. 그러나 지금은 상황이 다르다.

"이제는 과거의 반 분량의 식료품을 얻으려면 두 배 더 노력해야 합니다. 우리 푸드 뱅크는 올해 3천 톤이 넘는 식료품을 구입하게 되었습니다. 하지만 저는 이것을 나쁘게만 생각하지 않습니다."

10년 전 그레이터 시카고 창고는 기부받은 식료품들로 차고 넘쳤다. 그런데도 지금 상황이 나쁘지 않다고 생각하는 이유를 메이어는 다음과 같이 밝혔다.

"당시에는 사탕, 콜라, 설탕에 버무린 시리얼 등 건강에 좋지 않은 식품도 많았습니다. 그런데 지금 우리는 기부받은 것에 그치지 않고 식료품을 사고 있습니다. 채소나 과일 통조림, 콩, 달걀, 파스타, 쌀, 마카로니, 땅콩버터……. 핵심이 되는 열여덟 품목이 항상 떨어지지 않도록 구비해 놓고 있지요. 식품회사와 오래 거래를 해서 저희는 누구보다 싸게 그 식품들을 살 수 있습니다. 그리고 살 물건들을 우리가 조절할 수 있기 때문에 영양가 높고 더 건강에 좋은 식품을 사람들에게 제공할 수 있습니다. 멀리 내다보면 이러는 편이 지역에 더 도움이 될 것입니다."

스미스도 말했듯이 식료품을 사는 데는 자금이 필요하다. 끊임없이 기아 문제를 환기시키는 광고 활동도 더더욱 중요해진다. 북 일리노이도, 그레이터 시카고도 자금 조달에 힘을 기울여 차근차근 성과를 올려 왔다. 그러나 변화에 적절히 대응하지 못하는 규모가 작은 푸드 뱅크는 이러한 시대의 격랑에 휩쓸려 갈지도 모른다. 이 때문에 앞으로 푸드 뱅크 수가 감소할 가능성도 있다고 메이어는 지적한다.

"이제부터는 각 지역의 푸드 뱅크가 더욱 긴밀하게 연대해 나가지 않으면 운영할 수 없을 겁니다. 우리는 이미 가까운 북일리노이와 다양하게 협력하고 있습니다. 푸드 뱅크뿐만 아니라 자선 활동을 하는 단체라면 자립하길 원할 겁니다. 하지만 건물, 프로그램을 공유하는 등 서로 협력할 수 있는 일은 많습니다. 자립하면서 서로 협력하는 것이 결과적으로 좋은 서비스를 제공하는 길이라고 저는 믿습니다."

5년 후, 10년 후, 미국의 푸드 뱅크는 어떻게 변해 있을까. 푸드 뱅크가 시작된 지 40여 년이 지난 지금 '새로운 모델'을 고민해야 할 때이다.

3 장

찰스 이야기

미국에서는 푸드 뱅크 역사가 40년이 넘었는데 반해 일본에서는 푸드 뱅크라는 말조차 사람들에게 거의 알려져 있지 않다. 비영리법인 '세컨드 하비스트 저팬(이하, 2HJ)' 이사장인 찰스 맥질튼은 일본과 미국의 차이를 다음과 같이 말한다.

　"미국이 메이저리그 야구라고 한다면 일본은 공터에서 이제 막 공 던지기를 시작한 단계라고 할 수 있죠."

　2002년에 법인이 된 2HJ는 연간 식료품 350여 톤을 약 60단체에 배분해 주는 조직으로 성장했다. 그 주역이 바로 미국인

아동보육시설에서 아이들과 대화를 나누는 찰스.

찰스 E. 맥질튼이다. 그는 일본에서 맨 처음 푸드 뱅크 활동을 시작하고, 사회에 확산시킨 사람이다.

이사장이라고는 하지만 대부분 티셔츠에 작업 바지 차림이다. 찰스는 직접 2톤 트럭을 운전하여 식료품을 배달하고 기회가 닿을 때마다 강연을 한다. 기업체를 돌아다니면서 영업도 한다. 그야말로 동분서주의 나날을 보낸다.

그는 왜 이국땅에서 푸드 뱅크를 시작했던 것일까? 어떤 신념이 그를 움직였을까? 그 대답의 열쇠는 그의 조카들과 지금까지 인생에서 만났던 수많은 사람에게 있다. 수많은 실패를 긍정적인 에너지로 바꾸어 온 그의 삶은, '완벽하지 않다'는 이유로 폐기된 식품들을 많은 사람의 양식으로 바꾼 푸드 뱅크의 정신 그 자체이기도 하다. 잠시, 찰스의 반생을 돌아보자.

배고픈 어린 시절

"생일날 뭘 갖고 싶니?"

이런 질문을 받을 때면 어린 찰스는 주저 없이 "먹을 거!"라고 대답했다. 장난감도 야구 글로브도 아닌, 먹을 것. 주변 사람들은 틀림없이 이상한 아이라며 고개를 갸우뚱했을 것이다. 하지만 실제로 그는 늘 배가 고팠다.

1963년 11월, 그는 미국 북서부의 몬태나 주에서 태어났다. 세 번째로 태어난 첫 아들. '찰스 E.'는 증조부에서 할아버지 그리고 아버지와 맥질튼 가의 장남이 대대로 이어 왔던 이름이다.

아버지는 고등학교에서 화학과 독일어를 가르치면서 노동안전위생학 연구자가 되려고 대학원 진학을 계획하고 있었다. 이를 위해 맥질튼 일가는 찰스가 태어난 이듬해부터 아이다호, 워싱턴 그리고 미네소타로 옮겨 다니며 살았다. 그러는 동안 형제들은 하나둘씩 늘어나 어느새 일곱이 되었고 부모님까지 더하면 거의 1소대를 이루어도 될 지경이었다.

자식도 많은데 부모님은 끊임없이 주 정부에서 아이들을 위탁받아 양육했다. 아이들을 돌보아 주는 시간은 짧으면 몇 주에서 길면 몇 년이었다. 여러 사정으로 친부모와는 지낼 수 없는 아이들이었다. 그중에는 아메리카 선주민의 아이나 신체적인 장애를 안고 태어나 입원과 퇴원을 반복하는 아이, 본래라면 형무소에서 생활해야 했을 아이도 있었다.

베트남 전쟁이 끝난 1975년에는 호치민에서 미국으로 건너온 베트남 고아를 얼마간 맡아 기르게 되었다. 공교롭게도 찰스 가족이 이사를 가는 날이었지만, 시애틀 공항까지 마중을 나갔다. 찰스도 부모님과 함께 저녁 내내 아기의 도착을 기다렸다.

"좋은 일이니까."

아이를 맡아 기르는 부모님의 변명은 단순, 명쾌했다. 찰스의 동생 중 한 명은 위탁아로 맡겨졌다가 그대로 양자가 되었다. 하지만 누가 친자고 누가 양자냐는 식의 이야기는 맥질튼 가에서는 의미가 없었다. 형제의 피부색이 다른 것에 대해서도 그리 신경 쓰지 않았다. 누구에게든 집을 개방하고 어떤 일이든 함께 나누는 자세는 그 후 찰스의 삶에 커다란 영향을 미쳤다.

소년 찰스는 밝고 명랑한 데다 앞뒤 가리지 않고 행동하는 개구쟁이였다. 친구들이 "먹어 봐!" 하고 부추기면 벌레라도 입에 넣었고, 집의 2층 계단에서 현관을 지나 정원까지 카펫을 깔고 그 위를 썰매 타듯 미끄러져 내려오곤 했다.

찰스는 형제들을 모아 놓고 미사를 드리는 '신부님'을 도맡아 흉내 내는 것도 좋아했다. 어린 찰스는 "신부님은 틀림없이 지옥에는 안 갈 거야." 하는 믿음을 가지고 있었기 때문에 그의 꿈은 장래에 신부가 되는 것이었다.

한낮에는 학교에서 가르치거나 대학원에서 공부를 했던 아버지는 대가족을 부양하려고 밤에는 피자 가게에서 아르바이트를 하고 이른 아침에는 그 가게에서 청소도 했다. 가끔 형제들 중 몇 명은 아침 일찍 일어나 학교에 가기 전에 아버지 일을 도와야 했다. 찰스는 졸린 눈을 비비면서 묵묵히 어두컴컴한 가게 안에서 걸레질을 했다. 그래도 아버지와 함께할 수 있는 귀중한 시간이어서 조금은 기뻤다.

어머니는 사회복지법인에서 코디네이터로 일했다. 주로 중증 장애아를 위한 재활 프로그램을 진행했다. 어머니는 무남독녀였는데 그 때문인지 '대가족은 즐거울 것 같다'고 막연히 동경했다고 한다. 형제들은 "엄마 취미는 아이 모으기야." 하며 농담하곤 했다. 하지만 불행하게도 아이를 모았으면 그들을 먹이고 보살펴 주어야 한다는 인식이 어머니에게는 없었다.

나쁜 사람은 아니었다. 그러나 가사와 양육에 별 흥미가 없는 엄마였다. 아버지는 아버지대로 언제 잠이 드는지도 알 수 없을 만큼 바빴다. 아이 예닐곱 명이 웃고 우는 소리, 재잘대는 소리, 투닥투닥 싸우는 소리……. 집안은 시끄러운 것을 넘어서 늘 아수라장이었다. 어느 날 찰스의 집에 놀러 온 친구는 눈이 휘둥그레졌다.

"그런데 너희 집 말이야. 뭔가 커다란 사회 실험이라도 하고 있는 거야?"

유복하지도 않은 집에 자식이 하나 늘어나는 것은 그만큼 음식을 둘러싼 전쟁이 치열해진다는 것을 뜻했다. 저녁 식탁에서 기도를 마치면 모두 똑같은 동작으로 사방팔방에서 눈앞의 큰 접시로 손을 뻗었다.

"너, 식탁에 기대면 어떻게 해?"
"발은 마루에 둬야지!"

이런 성난 목소리가 터져 나왔다.
찰스 집에는 '한 발 규칙'이 있었다. 의자 위로 올라가거나 식탁 위를 덮치면서 음식을 가져가는 것은 금지였다. 따라서 한 발은 어떤 경우에라도 바닥에 붙어 있어야 했다.

"어른이 된 지금도 동료들과 식당에 가면 테이블의 요리가 사람 수대로 있는지 순간 확인합니다. 모자라다, 그러면 가벼운 패닉 상태에 빠지죠."

찰스는 웃으며 고백한다. 남은 음식을 부족한 사람에게 나누어 준다는 활동의 뿌리에는 소년 시절에 형성된 이러한 '트라우마'가 자리하고 있었던 것인지도 모른다.

바쁜 아버지가 만드는 요리는 맛을 추구한 것이 아니었다. 집에 있는 재료에 '그냥 열을 가한' 정도의 음식이 많아서 싸고 손쉽게 배를 채울 수 있는 마카로니가 기본 메뉴였다. 만일 접시에 담은 음식을 남기면 그 음식은 그 상태 그대로 다음 식사 때에 등장했다. 이 역시 맥질튼 가의 중요한 규칙이었다. 저녁 식사에서 남긴 음식은 다음 날 아침 식사에, 그래도 남기면 또 점심 식사에, 저녁 식사에, 그렇게 다 먹을 때까지 몇 번이고 나왔다. 이런 잘못을 저지른 아이는 '상당히 처참해진' 음식을 입에 쑤셔 넣으면서 '다음에는 잘 생각하고 접시에 담아야지' 하는 뼈저린 반성을 해야 했다.

다른 집에서는 부모가 자녀들을 돌보아 준다는 사실을 알았을 때 찰스는 오히려 깜짝 놀랐다. 맥질튼 가에서는 '자신의 일은 자신이', 즉 어떤 일이든 가족 구성원 모두에게 '자기 책임'이란 것이 요구되었기 때문이다. 집 벽에는 아이들 이름과 가사 분담 목록이 적힌 큰 표가 붙어 있었고, 화장실 청소나 쓰레기 버리기 등을 모두 번갈아 가며 했다. 도시락도 자기 것은 자기가 쌌다. 대개는 뻑뻑한 빵에 땅콩버터를 바른 샌드위치와 당근 썬 것이 전부였다. 도시락을 깜빡 잊었을 때는 어떤 친구의 것을 얻어먹을까 아침부터 계획을 세워야만 했다.

초등학교 2학년 때에는 한 살 위의 누나와 근처 패밀리레스토랑의 '뷔페' 코너에 가는 것이 낙이 되었다. 지금에야 하는 말이지만, 몰래 감추어 간 비닐봉지에 음식을 가득 채워 나온 적이 한두 번이 아니었다.

부모님은 자주 교회 행사에 참가했다. 만찬회가 열린다는 말을 들으면 찰스는 기꺼이 '뒷정리 봉사'를 자원했다. 만찬회가 끝난 테이블에는 어김없이 먹다 남은 빵들이 있었기 때문에 정리를 끝낼 즈음에는 겉옷이나 바지 주머니가 한껏 부풀어 있었다.

학교에서 경비원 아저씨의 청소를 도울 때도 있었다. 청소를 마치면 아저씨가 머스터드가 들어간 작은 봉지를 주었기 때문이다. 간식 대용으로 쪽쪽 빨아먹고 있으면 아저씨는 늘 주의를 줬다.

"애야, 머스터드를 너무 많이 먹으면 대머리 된단다."

이야기를 하다 찰스가 느닷없이 큰소리로 웃는다.

"아저씨가 말한 대로 되었네요."

찰스가 네 살인가 다섯 살 때였다. 호기심에 집안 구급상자에 있던 기침약을 단숨에 들이켰다. 맛있었다. 왠지 기분까지 좋아졌다. 그 후 부엌에 있는 조리용 럼주와 바닐라 원액도 시험해 보게 되었다. '자동차 운전도 배우기 전에 알코올의 맛을 알아 버렸던 것'이다.

초등학교에 올라갈 즈음에는 와인과 버번위스키 등 본격적으로 술에 손을 대기 시작했다. 집안이 엉망이어서 어린 마음에도 '마시지 않고는 견딜 수 없는' 심경이었다고 한다.

아버지는 병에 담긴 술이 줄어들고 있음을 어렴풋이 눈치챘다. 어른이 되어 당시 일을 물어보니 '형사가 아니니까' 캐묻지 않았다는 것이 아버지의 대답이었다. 위탁아로 맡아 기르던 아이 중에는 불량하다고 정평이 난 아이도 있었고, 평판이 나쁜 아이도 있었다. 술이 줄어드는 것이 그 아이들 때문이라고 아버지는 믿고 싶었는지도 모른다.

6학년이 되자 집안 상황은 더욱 심각해졌다. 가족 간의 다툼이 끊이지 않았고 부모님 사이도 삐걱거렸다. 찰스는 동생들과 한 방에서 지내는 것이 답답해 혼자 차고에서 지냈다. 그러다 결국 약물에까지 손을 대고 말았다. 길거리에 나가면 알코올보다 손쉽게 약물을 구할 수 있었으니 미국이라는 사회가 얼마나 병들어 있는지 짐작이 갈 것이다.

술과 약물은 자연히 학교 성적에도 영향을 미치기 시작했다. 그때까지는 요령껏 선생님들을 속여 왔지만 영국 출신의 휴스

턴 선생님만은 속일 수 없었다. 8학년 때 부모님은 마침내 선생님에게 불려 갔다.

"댁의 자녀가 지금까지 진급해 올 수 있었다는 게 오히려 이상합니다. 기본적인 읽고 쓰기나 산수도 전혀 하지 못하는데 말이죠."

하지만 이때도 '자기 책임'이라는 규칙 아래 부모님에게는 아무런 벌도 받지 않았다.

'자유 방임형' 자녀 교육과 '자녀의 의사 존중'이라는 양육 방침은 70년대 미국에서 일종의 유행처럼 번져 있었다. 그러나 맥질튼 가의 경우는 너무 심했다. 찰스가 "우리 집 귀가 시간은 몇 시예요?"라고 물으면 부모는 "넌 몇 시가 좋다고 생각하는데?"라고 되물었다. "밤 10시 정도는 어때요?" "그래, 좋도록 해." "밤 11시는요?" "그것도 괜찮지 뭐." 만사가 이런 식이었다.

자유롭게 생활하거나 어른 대접을 해 주는 것일 수도 있다. 그러나 '혹시 내가 소중한 존재가 아닌 건 아닐까?' 하는 의문이 찰스 마음에 조금씩 구멍을 키우고 있었다. '집도 있고 가족도 있건만 고아와 같은 기분이 드는 건 어째서일까? 자살을 기도하면 부모님 관심을 끌 수 있을지도 모른다. 그렇게 하면 엄마

품에 꼭 안길 수 있을까?' 거기까지 생각이 미쳤다.

찰스가 점점 알코올과 약물에 의존하고 있다는 사실을 아무도 모른 채, 일가는 부모님 직장 사정으로 미네소타로 이사했다. 미네소타에서 찰스는 가톨릭계 고등학교에 입학했다. 규율이 엄격하기로 소문난 학교였지만 찰스는 학교 밖에서 근처의 불량한 학생들과 어울리며 알코올과 약물의 수렁에 점점 더 빠져들었다. '온갖' 약물에 손을 대고 '떠올리기도 싫은' 어리석은 짓들을 저지르면서 다녔다. 친구들과 떼 지어 몰려다니며 난동을 부리고 며칠씩 집에 들어가지도 않고 길에서 잤다.

여동생은 그런 오빠를 보며 '십대라는 게 원래 모두 어리석은 행동을 하게 마련이고 오빠는 그저 친구들과 쾌활하게 떠들고 돌아다니는 것뿐'이라고 생각했다. 가족 누구도 그의 이상한 변화를 알아채지 못했다.

찰스는 알코올이나 약 기운이 있는 동안에는 자신을 포함한 모든 것을 사랑할 수 있고 세계를 지배하는 듯한 기분에 사로잡혔다. 그러나 일단 그 기운이 사라지면 마치 제트코스터를 타고 나락의 저 밑으로 단박에 곤두박질치는 것 같았다. 죽고 싶은 충동이 자꾸만 엄습해 왔다. '이런 생활을 계속한다면 자살하지 않는다고 해도 반년 안에는 몸을 망쳐서 틀림없이 죽고 말 것이다.' 그렇게 확신한 열여섯의 겨울, 찰스는 과감히 학교 상담실

문을 두드렸다.

새로운 인생

찰스 인생에 변화가 일기 시작한 것은 당시 상담교사였던 밥 콜로피를 만나면서였다.

"사람은 인생을 살면서 자신에게 커다란 영향을 주는 몇 사람을 만납니다. 몇 년, 몇십 년이 흘러도 그 영향은 변하지 않습니다. 아니 오히려 더욱 커지지요. 그런 사람은 정말 귀중한 존재가 아닐 수 없습니다."

찰스는 지금도 어떤 일이 생기면 '밥이라면 어떻게 생각할까?' '밥이라면 어떻게 할까?' 하며 마음속의 밥에게 묻는다고 한다.

"친구의 일로 상담을 좀 하려고요."

그렇게 찰스는 입을 열었다. 분명 거짓말은 아니었다. 같이

다니던 친구들은 모두 심하든 약하든 알코올과 약물 의존 상태였으니까. 큰 키에 커다란 안경을 쓴 40대의 밥은 낚시꾼이 조용히 낚싯줄을 드리우고 앉아 있는 것 같은 분위기를 풍겼다. 그는 진지하게 찰스의 이야기를 듣고 많은 정보를 알려 주었다. 참으로 온화하고 상냥한 목소리였다.

감사의 말을 전하고 상담실을 나온 찰스는 이내 다시 돌아갔다.

"죄송합니다. 지금까지 했던 이야기는 모두 제 얘기입니다."

밥은 처음부터 알고 있었으리라. 그는 제안했다.

"우선은 진료소에 가서 검사를 받아 보는 게 어떨까? 그러니까, 네 팔에 지금 약간의 혹이 생긴 것 같은데 지금이라면 약으로 없앨 수 있어. 하지만 그대로 방치하면 언젠가는 양팔을 모두 잘라 버려야 할지도 몰라."

찰스는 끄덕였다. 일주일 정도 진료소를 다니면서 학교를 쉴 수 있다면 그것도 나쁘지 않았다.

"잠깐 동안 학교를 쉬어야겠지만 다시 나오면 멋지게 파티를 열자."

찰스는 친구들에게 이 말을 남기고 진료소로 향했다. 그러나 며칠이면 끝나리라는 생각은 큰 오산이었다.

"아드님은 심각한 알코올 의존증에 약물 의존증자입니다. 두 달간 이 시설에서 혹독한 재활 치료를 받아야 할 것 같습니다. 규칙을 따르지 않을 때에는 감금할 수도 있습니다."

부모님에게 이런 선고가 떨어졌다. 두 달 동안?! 더욱이 그 후 세 달간은 통원 치료를 받아야 한다. 어째 이런 일이! 다섯 달간이나 자유를 빼앗기다니! 절망스러웠다. 하지만 부모님은 담담히 받아들였다.

"알겠습니다. 뭐, 그러는 수밖에 없겠네요."

또 한번 '고아'가 된 심정이었다.
진료소는 알코올이나 약물 의존증이 있는 고등학생들을 전문적으로 치료하는 시설이었다. 오전에는 진료소 안에서 수업을 받고 오후에는 매일 치료를 받았다. 일주일에 한 번은 가족을 모두 불러서 진행하는 치료법도 있었다. 부모님은 물론 가장 어린 여섯 살 동생까지 참여해야 했기 때문에 치료를 받는 내내 막내 동생이 앉아서 졸던 모습을 찰스는 지금도 기억한다.

가족 모두 마음속에 작은 비밀이나 이런저런 불만들을 가지고 마지못해 참가했던 심리 치료 과정이었다. 가족 안의 문제나 치부를 도려내어 속속들이 드러내고 싶은 사람이 어디 있을까.

"네가 문제를 일으키기 때문이야!"
"그런 너는 그렇게 잘났어?"

상처에 소금을 들이붓듯 아리도록 생생한 시간들이었다. 옆방에서도 "너 같은 인간이 가장 싫어!" 하며 울부짖고 의자 던지는 소리가 들렸다. 이쪽저쪽 아수라장이었다.

진료소 밖에서 열리는 AA(Alcoholics Anonymous) 모임에도 참가해야 했다. AA는 알코올 의존증을 극복하려는 익명의 사람들이 만든 모임으로, 30대에서 60대가 대부분인 그곳에서 십대는 찰스 혼자였다.

그러나 AA에서는 '나이가 몇인지' '얼마나 술을 먹었는지' '얼마나 바보 같은 짓을 했는지'의 '정도'는 문제가 아니었다. 거기 온 사람들은 똑같이 술로 인생을 허비했고, 이제는 술을 끊겠다는 목표를 향해 어떻게 나아갈 것인가 하는 문제에 모두 필사적으로 매달렸다.

찰스는 다른 참가자들이 고백하는 이야기를 들으면서 깜짝 놀랐다.

"음주운전으로 체포됐습니다."
"술 때문에 아내가 이혼을 하자고 해서…."
"술집에서 난동을 부리다 친구를 다치게 했습니다."

음주운전? 이혼? 술집? 그에게는 아직 운전면허도 없거니와 아내는커녕 여자 친구조차 없었다. 태어나서 술집에 들어간 적도 합법적으로 술을 산 적도 없었다. 그런데도 알코올 의존증이라니! 그는 아직 어린 자신이 성인들이 걸리는 병에 걸려 버렸다는 무서운 현실과 새삼 마주하게 되었다.

이 역시 '자기 책임'일까? 하지만 모든 것을 방치한 부모에게는 책임이 없는 것일까? 혼란을 부추긴 형제들은? 모든 것이 불평등하고 부조리하게 느껴졌다.

당시 술을 끊는 데 성공하는 사람은 10퍼센트 정도라고들 했다. 열 명 중 한 사람만이 정상적인 생활로 돌아갈 수 있다는 것이다. 그 한 사람에 자신이 들어가야 한다는 생각이 찰스를 크게 압박했다.

열여섯이라는 어린 나이에 '평생 알코올과 약물에 손을 대지 않겠노라'고 선언하는 것도 용기 있는 일이었다. 앞으로 친구들과 뭘 하고 놀아야 하나? 결혼 후에는? 넌덜머리 나는 일들뿐인 이 세상을 알코올과 약물 없이 살아갈 수 있을까……? 끝없는 불안감이 밀려왔다. 그러나 열 명 중 한 명에 들지 못하면 죽음밖에 없다고 생각하니 가야 할 길이 정해졌다.

이후 찰스는 술을 입에 대지 않았고 약물과도 깨끗이 연을 끊었다. 물론 스위치 하나로 인간이 변할 수 있다면 누구도 고생하지 않을 것이다. 처음 1, 2년은 '술을 끊는다는 건 절대 무리야.'라고 생각했다. '오늘 밤에는, 아니 내일은 분명히 술을 마시게 되겠지. 마시고 다시 어리석은 짓을 저지르고 또 나락으로 떨어지게 될 거야.' 그런 악마의 속삭임이 늘 귓가에 맴돌았다. 실제로 그는 '아주 조금만'이라는 유혹에 넘어가 폐인이 되거나 목숨을 잃는 친구들을 몇 명이나 보았다. 자신이 언젠가 그렇게 된다 해도 이상한 일이 아니었다. 그러자 무서워서 견딜 수가 없었다.

학교에서는 '열 명 중 한 명'에 들었던 친구가 찰스 말고도 세 명이 있었다. 지옥에서 살아 돌아온 네 명은 언제나 서로를 독려했으며, 방과 후에는 밥 선생 방에 모여 여러 이야기를 나누었다.

밥은 평생 기껏해야 와인 한두 잔밖에 마셔 본 적이 없고 약물이라야 고작 담배 한 개비도 피워 본 적이 없을 것 같은 사람이었다. 그런 그가 알코올에 의존하는 마음을 누구보다 잘 이해해 주는 것이 신기했다. "너희 부모님도 너를 소중히 생각하고 있으니 너도 열심히 노력해야 한다"든지 "학비를 내주시는 데 감사해라"는 식의 다른 선생이나 상담교사들이 하는 말을 밥은 결코 내뱉지 않았다. 그런 말들을 들으면 찰스는 '사막에 혼자 남겨진' 듯했다.

밥은 남의 아픔을 자신의 아픔으로 받아들일 수 있는 사람이었다. "네가 느끼는 그 아픔은 진짜야." 밥의 그 한마디가 얼마나 큰 힘이 되었는지 모른다. '그래. 내가 미쳤던 게 아니야!' 그렇게 생각할 수 있다는 것이 무엇보다 기뻤다.

밥은 절대 이래라 저래라 지시하지도 않았다. "엉킨 실을 '자, 이렇게 풀면 돼요' 하며 풀어 보여 주는 사람은 자신이 얼마나 현명한지 드러내고 싶어하는 것일 뿐"이라고 찰스는 생각한다. 마음속에 엉킨 실을 푸는 것은 결국 자기 자신이기 때문이다. 밥은 그것을 누구보다 잘 알고 있었다.

"산을 안내하는 훌륭한 길잡이는 '이쪽을 보세요' '저쪽을 보세요'라고 일일이 말하지 않아요. 하지만 산행을 끝내고 나면, '오늘은 산이 평소와는 완전히 다르게 보이는 이유는 뭘까?' 하는 마음이 들게 하지요. 밥은 내 인생의 그런 길잡이였습니다."

재활 치료를 끝낸 어느 날, 진료소 상담원이 찰스에게 봉사에 관한 이야기를 했다.

"너는 이미 사회에 충분히 폐를 끼쳤어. 그 보상으로 봉사를 해 보는 건 어때?"

소개받은 일은 YES(Youth Emergency Service)에서 전화로 상담해 주는 것이었다. 찰스는 일주일에 한 번 토요일 밤부터 일요일 아침 시간대에 봉사 활동을 했다. 물론 훈련 기간을 거쳐 테스트에 합격한 뒤였다. 바꿔 말하면 테스트에 합격하기만 하면 설령 열여섯의 소년이라도 상담원으로 인정받을 수 있었다는 말이다.

그곳에는 긴급 도움을 호소하는 갖가지 전화가 걸려 왔다. 죽고 싶다는 상담도 노상 끊이질 않았다.

"구체적인 계획이 있습니까?"

그것부터 먼저 묻는 것이 철칙이었다.

"아아, 총이 있어요."

"그 총은 지금 어디 있죠?"

"내 바로 앞에."

"총알은 들어 있습니까?"

"들어 있어요."

"그럼, 부탁이 있습니다. 그 총을 다른 방에 갖다 놓아 주시겠습니까? 그리고 나서 이야기하죠."

상대는 상담원이 알코올 의존증 경험이 있는 열여섯 살 소년이라는 사실을 알 턱이 없었다. 밥이 그랬듯이, 상대 이야기에 가만히 귀를 기울이고 당사자가 스스로 해결법을 찾도록 돕는 것이 상담원 역할이다. 간단한 일은 아니었다. 한 남성이 '애인'에 관해 말하기에 자세히 들어 보니 그 애인이 남성인 경우도 있었다. 당시 동성애는 공공연히 드러낼 수 있는 것이 아니었기 때문에 찰스는 놀랐다. 이 상담 경험은 찰스 자신이 갖고 있던 장단점뿐 아니라 편견과 차별의식 등을 깨닫는 계기가 되었다.

어느 날 아버지에게 폭력을 당하는 한 여성이 전화를 걸어 왔다. 자초지종을 들어 보니 지금까지 네 차례나 도망쳤다가 돌아온 것이다.

"그런 아버지에게 왜 다시 돌아오는 겁니까?"

생각 없이 내뱉은 말에 그녀는 울음을 터트렸다. 그러고는 큰 소리로 욕설을 퍼붓고 전화를 끊어 버렸다.

찰스는 수화기를 든 채 멍하니 있었다. 대체 뭘 잘못한 것일까? 심한 충격에 눈물이 주르륵 흘러내렸다. 나중에 선배에게서 "학대를 당하는 여성은 도망쳤다가 돌아오는 과정을 평균 다섯 번에서 일곱 번 정도 반복하는 것이 보통"이라는 말을 들었다. 찰스는 자신이 잘 알지 못해서 그녀의 고통을 이해하지 못한 점을 반성했다. 일반적인 '통계'를 안다는 것이 얼마나 중요한지도 절감했던 체험이었다.

당시 미국에는 공화당의 레이건 정부가 들어섰다. '작은 정부' '강한 미국'을 제창하는 레이건 대통령 정책에 찰스도 처음에는 공감했다. 그러나 전화 상담을 받으면서 무언가가 잘못되고 있음을 느끼기 시작했다.

"생활이 어렵다."
"공적 지원이 없어서 너무 힘들다."

그런 하소연들이 쏟아졌다. 머리로 얻은 지식과는 전혀 다른,

자신의 귀로 알게 된 사회의 현실이었다.

"그래서 나는 특히 젊은이들에게 봉사 활동을 권하고 싶어요. 자신의 눈과 귀로 사회를 알면 무엇이 진짜이고 무엇이 가짜인지 판단할 수 있게 되죠. 현장을 아는 사람이라면 신문에 쓰여 있는 글을 읽으면서 '어라, 잠깐, 이건 90퍼센트밖에 맞지 않잖아.' 이렇게 스스로 판단할 수 있습니다. TV나 신문이 전하지 않는 나머지 10퍼센트가 사실은 매우 중요한 사안이 되곤 합니다."

이 활동이 찰스에게 중요했던 또 다른 이유는 학교에서와는 전혀 다른 자신이 될 수 있었기 때문이다. 학교에서는 220명 중 성적이 210등인 누가 봐도 지진아였고, 알코올과 약물에 의존하는 데다 문제만 일으키고 다니던 학생이었다. 그러나 학교 밖에서는 어엿한 한 상담원으로서 신뢰받고 있었다. 책임을 지고 행동하기만 하면 누구나 어른으로서 인정하고 존중해 주었다.

"일본에도 이런 돌파구가 있나요? '불량학생'이라는 딱지가 붙은 학생이 의지할 수 있는 곳, 자신을 되찾을 수 있는 기회 말이에요."

맥질튼 가 사람들은 그 후 아주 오랫동안 제각기 성장하고 용서하며 치유되었다. 지금은 두 나라 세 개 주에 흩어져서 살고 있다. 아홉 명의 가족은 일 년에 한 번 모두 모여 서로에게 힘을 북돋운다.

자신에게 일어나는 문제와 불행한 사건이 모두 자신의 책임은 아닐 것이다. 하지만 그 경험과 어떻게 마주하고 그것에서 무엇을 배우고 그 후 어떻게 대처해 나가는가는 사람에 따라 다르다. 이것이 상처투성이인 청춘 시절을 보내면서 배운 찰스의 인생 교훈이다.

드넓은 바다로 그리고 일본으로

고등학교를 졸업한 찰스가 선택한 길은 학교 교사들, 가족 그리고 스스로에도 놀라운 것이었다. '종교'와 '교련' 과목 성적이 가장 형편없었던, 그만큼 규율과 조직 생활을 거부하고 반항하던 그가 '규율 집단' 그 자체인 해군에 들어갔으니 말이다. 이유는 그도 모른다. 다만 마음의 소리가 '드넓은 바다로 나가라'고 끊임없이 외쳤을 뿐이다.

1982년 찰스는 샌디에이고에서 군에 입대했다. 그 후 사우스

캐롤라이나에서 원자력잠수함에 승선해 기초 훈련을 받았다. 그때 가장 놀란 것은 함선에 거대한 카페테리아*가 있다는 것이었다.

"이곳에 자주 와서 먹어도 됩니까?"

찰스가 묻자 상관은 "얼마든지"라고 답했다.

"한 번에 얼마를 먹든 상관없습니까?"

찰스가 다시 묻자 상관은 "얼마든지 원하는 만큼" 먹으라고 말했다.

거짓말! 얼마든지 원하는 만큼 먹을 수 있는 세계가 있다니! 어린 시절 늘 배가 고팠던 그에게 그것은 충격이었다.

드넓은 바다로 나간 찰스는 좀처럼 돌아오지 않았다. 2년이 지난 어느 날, 상관이 그를 불러 배속지에 대한 의견을 물었다.

"서쪽으로 가 볼 생각이 있나?"

* 손님이 자기가 좋아하는 음식을 직접 식탁으로 날라다 먹는 간이식당.

"예, 있습니다."
"얼마나 멀리까지 갈 각오를 하고 있지?"
"어디까지라도 좋습니다."
"일본으로 가게."
"기꺼이 그러겠습니다!"

먼 이국땅, 그 밖에 일본에 대해 아는 것은 없었다. 1984년 12월 7일 펄하버의 날(Pearl Harbor day)* 찰스를 태운 배는 하와이를 출발해 미드웨이를 거쳐 일본으로 향했다.

사가미만에 들어서며 바라본 한겨울 후지산의 아름다운 모습에 찰스는 넋을 잃었다. 난생 처음 본 일본의 정경이었다. 그래선지 지금도 후지산을 보면 마음이 편해진다.

함선은 크리스마스이브에 요코스카 기지에 상륙했다. 기지 밖으로 나가 보았다. 풍경, 소리, 냄새 등 모든 것이 신선했다. 자동판매기에서 뜨거운 커피가 나오는 것도, 횡단보도에서 음악이 흘러나오는 것도 신기했다. 그러나 일본식 화장실은 충격적이었다. 지금에야 고백하는 거지만 처음 석 달은 잘 몰라서 '반대 방향으로 앉아' 사용했다.

* 일본이 진주만을 기습 공격한 날.

"무엇보다 큰 발견은 사람들 키가 대부분 나와 비슷했다는 것이죠. 저는 일본이 정말 마음에 들었어요. 한눈에 반했다고나 할까요? 한눈에 반해 본 적 있어요? 미국에서는 늘 사람들이 나를 내려다보았거든요. 일본에서 내 동족을 발견한 거죠. 더는 바지를 살 때마다 단을 줄이지 않아도 되고. 어찌나 뿌듯하던지."

장난스럽게 웃으며 찰스가 말했다. 찰스 키는 163센티미터이다. 크리스마스 당일 비번이었던 찰스는 요코스카 거리를 돌아다녔다. 이국에서 처음 맞는 혼자만의 크리스마스. 조국이 사무치게 그리웠다. 의외였던 것은 크리스마스인데도 일본인들은 평소처럼 일을 하더라는 것이다.

'켄터키프라이드치킨' 점을 발견하고 반가운 마음에 안으로 들어갔다. 가게 안은 북적였다. 그 광경을 보고 찰스는 '일본에서는 크리스마스가 되면 프라이드치킨을 먹는 풍습이 있나 보다'고 생각했다. 찰스는 향수에 젖어 치킨을 베어 물었다.

찰스는 구축함에 타고 있었는데, 요코스카에서 지내는 시간은 얼마 되지 않았고 부대는 언제나 바다에 떠 있었다. 한국, 필리핀, 홍콩 등지로 나아갔다.

동서 간의 냉전이 한창이던 때였다. 찰스는 상륙할 때마다 신문을 사서 읽었다. 모든 나라가 미국을 좋아하는 것은 아니라는 사실을 알게 되었다. 어째서일까. 좀 더 공부해 보고 싶었다. 처음이었다.

1986년 찰스는 4년간의 군무를 마치고 미네소타로 돌아갔다. 미네소타 대학교에 들어가 동아시아를 전공했다.

"언젠간 다시 일본으로 돌아갈 거야."

찰스의 마음은 부풀어 올랐다.

산야에서 느낀 혼란

1991년 찰스의 염원은 이루어졌다. 미네소타 대학교 교환유학생으로 조치 대학교에 들어간 것이다. 연구 주제는 누가 봐도 군인다운 〈미일군사동맹과 안전보장정책의 미래〉였다.

하숙을 하려면 수도원이 좋겠다고 생각해 예수회 신부에게 도움을 청했다. 그러자 신부는 이렇게 대답했다.

"수도원이라면 소개해 줄 수 있지만 두 가지를 알아 두셔야 합니다. 첫째, 그곳은 도쿄의 슬럼 가운데에 있습니다."

도쿄와 슬럼이라니. 찰스는 귀를 의심했다. 있을 수 없는 불가해한 조합 같았다.

"둘째, 그곳에서 인도, 필리핀 수사들과 함께 생활하셔야 합니다."

더욱이 제3세계에서 온 수사들이 선진국 일본의 슬럼에서 일하고 있다? 굉장하다, 아주 재미있겠어. 찰스의 가슴은 고동쳤다.

지하철 히비야 선을 타고 우에노 역에서 세 번째 정거장인 미나미센쥬 역에 도착하니 필리핀 수사가 개찰구에 마중을 나와 있었다.

'산야山谷'라는 지명을 신부에게서 들었지만 아무리 찾아도 도쿄 지도에는 나와 있지 않았다. 그도 그럴 것이 산야는 통칭이었다. 다이토 구의 기요카와와 니혼즈쓰미 근처를 가리킨다는 사실을 나중에야 알았다. '도야ドヤ'라고 불리는 간이 숙소가 밀집한 마을. 일용직 노동자와 운이 다한 사람들이 흘러들어와 있는 곳. 그 한복판에 찰스가 머물 건물이 있었다.

역에서 나와 수사의 뒤를 따라 걷다 보니 대낮인데도 길가에서 웅크리고 앉아 있거나 잠을 자는 남자들 모습이 여기저기 눈에

띄었다. 도로에서 불을 쬐는 사람, 술을 마시는 사람도 있었다.

"형제님, 저쪽에 사람이 쓰러져 있는데요⋯⋯ 살아 있는 겁니까?"

잔뜩 겁을 집어먹고 물으니, 수사는 대수롭지 않은 듯 말했다.

"글쎄요, 잘 모르겠는데요."

찰스는 그저 허둥지둥 수사를 따라갔다.
그런데 잠시 뒤 마음이 아리면서 뜨거워졌다. 그들은 모두 가족과 연을 끊고 도망치듯 이 마을로 들어왔다. 공교롭게도 당시의 찰스 역시 가족과 절연한 상태였다. 또한 자신 역시 과거에 한때 알코올 의존증자였으므로 대낮부터 술에 절어 비참하게 웅크리고 있는 남자들 심정이 얼마나 괴로울지 이해가 갔다. 처음 발을 들인 산야에서 찰스의 뇌리를 스친 말, 그것은 뜻밖에도 '다녀왔습니다.'였다.
대학 생활과 함께 산야 생활도 시작되었다. 아침 7시에 근처 성당에서 미사를 드리고, 8시 반에는 수사들이 여는 '데이 센터 Day Center' 일을 거들었다. 일용직 노동자와 노숙인들이 센터로 찾아와 차도 마시고 바둑과 장기도 두었다. 데이 센터에서는 필요하면 이들에게 옷가지나 과자 등도 나누어 주었다.

일주일에 한 번은 카레라이스를 만들어 무료로 배급했다. 열 명 안팎의 봉사자들과 함께 3백 명분을 만들었다. 맛이 좋아 인기가 있었지만 건물 밖으로까지 줄이 길게 늘어서다 보니 인근 주민들의 항의가 잇달아 서비스는 곧 중단되었다.

대학 생활을 비롯해 도쿄 생활은 가식투성이였다. 사람들은 깍듯했지만 마음을 열지는 않는 듯했다. 반면 산야 사람들은 가식이라는 것이 전혀 없었다. 길을 걷노라면 "꺼져!" "양키, 너희 나라로 돌아가!" 같은 욕설이 날아올 때도 종종 있었지만, 그조차도 인간미로 느껴졌다. 수도원과 계약한 1년이 지난 후 찰스는 가까운 아파트(상점가 안에 있는 창고의 2층)로 이사했고, 산야에서 계속 생활했다. 일본어는 능숙하지 않았지만 산야 사람들과 이야기하는 것이 좋았다.

"나는 철저하게 듣는 역할을 했어요. 산야에 있는 사람들은 무언가로부터 도망쳐 왔기 때문에 굳이 과거를 탐색하는 듯한 질문은 하지 않았어요. 나는 경찰관도 신문기자도 아니니까요. 허풍을 떨고 있다는 게 빤히 보여도 그냥 귀 기울여 들었어요."

어느 목요일 밤이었다. 그날은 노숙인에게 모포를 나누어 주는 날이었다. 저녁 7시부터 비가 억수같이 쏟아져 더 추운 한겨울이었다. 언뜻 보니 길 건너편에 웅크리고 앉아 있는 한 남자가 보였다. 고개를 떨어뜨린 채 흠씬 비를 맞고 있었다. 찰스는 자신도 모르게 그에게로 달려갔다. 그러고는 난생 처음 본 그 사람 옆에서 얼마 동안 가만히 앉아 있었다. 밥이 자신에게 해 주었던 것처럼, '당신은 혼자가 아니에요.'라고 말해 주고 싶었던 것이다. '당신의 인생이니까 이래라 저래라 하지는 않아요. 하지만, 당신은 결코 혼자가 아니에요. 나도 그런 고독한 심정을 잘 알아요. 그러니까 당신 옆에 앉아 있게 해 주세요.' 하고 말이다. 찰스 마음이 그 남자에게 전해졌는지는 솔직히 알 수 없다.

산야에서 활동하면서 마음속에 작은 의구심이 일었다.

크리스마스에는 양말이나 속옷, 작은 케이크 등을 노숙인들에게 선물하는 행사가 있었다. 5백 명 정도가 교회에 와서 선물을 받아 갔다. 행사가 끝나면 봉사자들은 건물 셔터를 내리고 뒤풀이 파티를 했다. 아침부터 저녁까지 하루 종일 바쁘게 돌아다녔으니 조촐한 위로회를 여는 것은 당연하다고 생각했다.

어느 날 노숙인들을 그리는 한 화가가 찰스에게 사진 한 장을 건넸다. 그날 행사장 풍경을 거리에서 찍은 것이었다. 화가는,

건물 바깥에 서서 찬바람을 맞으며 허겁지겁 케이크를 먹어 대는 사람들 맞은편에서 '찰칵' 셔터를 눌렀다. 그것은 밝고 따뜻한 방 안에서 봉사자들이 파티를 즐기던 바로 그때였다! '좋은 일을 하고 있다'고 믿어 왔던 찰스는 정수리에서부터 찬물을 뒤집어쓴 기분이었다.

화가는 남자들의 초상과 함께 그들이 중얼거리는 소리들도 기록해 놓았다. 찰스는 그것을 읽고 더 큰 충격을 받았다. 거기에는 그들의 본심이 담겨 있었다. 그저 배가 고파서 교회에 올 뿐이라는 것, 모두 교회 사람을 좋아하는 것은 아니라는 것, 노숙인들은 봉사자에게 '이용당하고 있다'고 느낀다는 것…이었다.

'좋은 일을 했답시고 봉사자들은 만족한 얼굴로 집으로 돌아간다. 하지만 남겨진 그들의 마음을 헤아려 본 적이 있는가?' 찰스는 자신에게 물었다. 분명 수사들도, 봉사자들도 노숙인들을 염려하고는 있었다. 하지만 그들과 '관계'를 쌓아 나가고자 노력했던가, 같은 눈높이에 서 있었던가, 그들을 그저 자선의 대상으로 여기고 내려다본 것은 아니었을까 하는 의구심이 일면서 지금까지의 활동이 혼란스러워지기 시작했다.

당시 찰스는 대학을 졸업한 뒤 영어와 비즈니스 등을 가르치고 있었다. 어디든 자동차로 다녔다. 어느 밤도 회의에 참석하려고 차를 몰고 가는데, 타이어에 그만 구멍이 나고 말았다. 황

급히 전철로 갈아타서 회의는 무사히 마쳤지만, 문제는 자동차를 세워 둔 하마마쓰에서 산야까지 약 10킬로미터를 어떻게 돌아갈 것이냐였다.

선택은 세 가지. 첫째는 포기하고 전철로 돌아가는 것이었다. 하지만 자동차는 그대로 남아 문제는 해결되지 않는다. 둘째는 그와 자동차를 운반해 달라고 누군가에게 부탁하는 것이다. 집에 돌아갈 수 있고, 자동차도 가져갈 수 있다. 그러나 자동차는 고칠 수 없다. 셋째는 자신이 직접 자동차를 수리하는 것이다.

찰스는 세 번째 방법을 선택했다. 검 테이프를 사서 구멍 난 곳을 메웠다. 꽤 시간이 걸렸지만 밤늦게 자동차를 몰아 집까지 올 수 있었다.

"마치 랜스 암스트롱(사이클 선수)이라도 된 기분이었어요. 해냈다, 해냈어! 주먹을 추켜올리면서 집으로 돌아왔죠."

자신의 문제를 스스로 해결했다는 성취감. 그것은 검 테이프라는 도구를 손에 넣고, 그 도구를 살 돈이 있었기 때문에 가능했다.

'노숙인들에게도 이런 성취감을 맛보게 하고 싶다. 그러려면

먼저 그들은 살아가는 데 필요한 '도구'를 가지고 있어야만 한다.'

활동의 실마리가 어렴풋이 보이기 시작했다.

스미다 강가에서 '노숙'을 체험하다

찰스는 노숙인이 자립하는 데 필요한 '도구 만들기'를 궁리하기 시작했다. 그리고 산야에 '자립센터'를 세우기로 마음먹었다.

'샤워 시설과 로커를 갖추고 전화 없는 사람들이 이용할 수 있는 자동응답전화서비스를 제공하자. 일시적으로 숙박도 할 수 있고 음식도 제공할 수 있는 장소를 만들어야겠다.'

'이거다!' 하고 생각하면 곧바로 행동에 옮기는 것이 찰스였다. 그러나 그의 계획은 부질없이 끝이 나고 말았다.

"당신은 일본에 온 지 아직 5년밖에 안 됐잖아요. 일본 실정을 전혀 모르잖습니까?"

가는 곳마다 그의 제안을 거절했던 것이다. 무리도 아니었다. 몇십 년 동안 활동해 온 사람들이 수두룩한 데다가 절차나 물밑 작업도 신경 쓰지 않았으니 오만하다고 해도 어쩔 수 없는 일이었다.

그러나 찰스 입장에서 보면 그것은 이상한 논리였다. 일본에 온 지 1년이 되었든 20년이 되었든 이곳에 뭔가 문제가 있으면 해결하고자 행동에 나서는 것은 당연하지 않은가.

지금 돌아보면, 그때의 자신은 분명 센터를 만들 입장은 아니었다고도 생각되지만, 어쨌든 당시 느낀 좌절감은 컸다. 1996년 찰스는 선교사 훈련을 받으려고 오스트레일리아와 인도로 건너갔다. 때로는 가톨릭 방식에 비판적이기도 했지만 진지하게 하느님과 마주하고 싶었다. 하느님이 그에게 분명히 어떠한 사명을 주셨으리라 믿고 싶었던 것이다.

훈련 받는 동안 찰스는 《행복한 도시 *The City of Joy*》(Grand Central Publishing, 1988)를 읽었는데, 책에 쓰인 캘커타의 한 신부 말이 그의 마음을 움직였다.

"나는 산타클로스나 사회보장 혹은 신의 섭리 같은 것으로 이곳에 있는 게 아니라 그저 가난한 사람들 속에서 가난한 한 사람으로 있고 싶었을 뿐이다."

'그래, 그렇구나.' 그 순간 찰스는 '스미다 강으로 가라'는 신의 음성을 들었다. 도쿄의 스미다 강가에는 파란색 덮개로 뒤덮인 '천막촌'이 있었다. '목소리'는 "노숙인을 위해 활동하고 싶다면 그곳에서 그들과 지내보라"고 했다. '설마 농담이시죠?' 그는 그 소리를 지우려고 애써 간절히 기도했다. 그러나 다음 날도, 또 그 다음 날도 같은 소리가 들려왔다. 1998년 12월, 찰스는 인도에서 일본으로 돌아왔다. 그리고 새해가 밝은 1999년 1월 스미다 강으로 향했다.

당시 산야에서 생활하면서 낯을 익힌 몇 사람이 스미다 강가로 이사 와서 살고 있었다. 찰스는 그들의 '집' 근처인, 스미다 강에 놓인 사쿠라바시의 다이토 구 쪽에 거처를 마련하기로 했다.

고마다가 집 만드는 것을 가르치고 도와주었다. 〈스타워즈〉에 나오는 요다를 닮은 고마다는 아주 조용한 남자였다. 많은 사람이 목재를 섞어 집을 짓는 데 반해, 고마다는 기둥부터 벽면까지 집 전체를 골판지만으로 만드는 솜씨 좋은 사람이었다. 이 '스승'에게 경의를 표한 뒤 찰스도 이 방법으로 줄곧 집을 지었다.

찰스는 스미다 강가에 사는 동안에도 영어 가르치는 일을 계속했다. 직장 상사나 동료들도 모르게 매일 천막촌에서 출근했다. 15개월을 그렇게 지냈다니 그저 놀라울 따름이다.

집 지을 자리를 마련한 날 아침에도 찰스는 직장에 나가야 했다.

"나한테 맡겨. 돌아올 때까지 어떡하든 해 놓을 테니."

고마다가 말했다.

저녁이 되어 직장에서 돌아와 보니 사방이 벽으로 둘러쳐진 두 평 남짓한 공간이 완성되어 있었다. 물론 모두 골판지로 만들어진 것이었지만 말이다.

"그 작업에 얼마나 많은 시간이 걸리고 힘든지는 나중에 제가 직접 해 보고야 알았어요. 남을 위해 집을 지어 주는… 그런 기특한 사람은 보통 없지요?"

천장 부분은 고마다에게 배워서 그럭저럭 자신의 힘으로 완성했다. 그런데 다음 날 일터에서 돌아와 보니 고마다가 천장을 부수고 있었다.

"잘못 만들었어. 이렇게 만들어 놓으면 지붕이 미끄러져. 눈이라도 내리면 큰일이야."

고마다 말은 언제나 옳았다. 결국 둘이서 한밤중까지 지붕을 다시 만들었다. 얼어붙을 것처럼 추운 1월이었다.
필사적으로 골판지 집을 짓는 외국인 모습이 지나가는 사람들의 시선을 붙잡았던 것일까.

"괜찮으세요? 혹시 모포 필요하세요?"

낯선 사람이 말을 걸어왔다.

"괜찮습니다."

대답은 했지만 찰스는 내심 적잖이 당황했다. 5년간 늘 남들에게 모포를 나누어 주던 자신이 그것을 받는 존재가 되어 있다니! '받는 사람'의 마음을 비로소 이해할 수 있을 것 같았다.
찰스는 천막촌에서 밤을 지내면서 '마을이 살아 있음'을 실감했다. 강은 끊임없이 일렁이며 호흡하고, 어둠은 마치 생명체처럼 꿈틀거렸다. 그 어둠을 가르며 고가 위를 달리는 자동차 소리와 손을 뻗으면 닿을 듯 가까이에 있는 이웃들의 기침 소리, 코 고는 소리 그리고 뒤척이는 소리까지 들렸다. 골판지로 덮인 천장에는 작은 창을 내 두었다. 자리에 누워 올려다보면 하늘 가득 별이 총총히 빛나고 있었다.

당시 천막촌 집은 대부분 열쇠가 없었다. 어느 날 일을 마치고 돌아와 보니 찰스의 집 앞에서 몇몇 남자가 서성대며 수군거리고 있었다.

"어라, 커다란 십자가를 걸어 놨네. 틀림없이 선교사일 거야."

그들은 몰래 집안을 엿보고 있었다. 그런데 없어진 물건이 없었다. 찰스는 크게 놀랐다. 훗날 아파트 생활로 돌아와 문단속을 하면서 찰스는 절감했다. '집에 산다는 게 이런 것이구나.' 길바닥에서 생활할 때는 별로 의식하지 못했는데, 무의식중에 끊임없이 긴장하고 있었다는 사실을 그제야 알았던 것이다.

스미다 강가에 사는 사람들은 대부분 새벽 4시 즈음 일어나 일거리를 찾아 돌아다녔다. 찰스는 대여섯 시에 일어나 근처 성당에서 집전하는 미사에 참석했다. 일이 있는 날은 일어나자마자 가장 먼저 물부터 끓여 많이 마셨다. 그렇게 해야 몸속부터 몸이 따뜻하게 풀렸다.

관청에서는 가장 가까운 공원의 식수장을 자물쇠로 잠가 놓았다. 그 때문에 항상 주변 친구들과 함께 20분 정도 걸어 다른 공원에서 물을 길어 와야 했다. 노숙인이 공원에 모이는 것을 꺼린 관청은 그곳의 물도 조금씩만 나오게 해 버렸다. 남자들은 인내하며 양동이에 물을 받을 수밖에 없었다.

"우리를 공원에서 쫓아내고 싶었겠지만 결과적으로는 더 오랜 시간 동안 더 많은 남자를 공원에 모여 있게 만든 셈이죠."

샤워는 어떻게 했는지 묻자 "바로 앞이 강인걸요, 뭐." 하며 찰스는 웃었다. 물론 농담이었다. 사실은 가까운 목욕탕에 가거나 20분 정도 걸어 장애인용 화장실을 이용했다. 화장실에서는 수도에 호스를 연결해 씻었는데, 냉수욕 그 자체였다.

"하지만 겨울철에는 화장실이 목욕탕보다 오히려 더 나아요. 샤워한 뒤 바깥에 나가면 더는 춥게 느껴지지 않거든요. 반대로 목욕탕은 목욕하는 잠깐은 괜찮지만, 천막으로 돌아오면 몸이 점점 식어 더 추워요."

아침 화장실 풍경은 악몽이었다. 혼잡을 피하려고 새벽 4시에서 6시 사이만 되면 '미리 화장실에 갈까 말까' 고민하는 버룻까지 생겼다. 가고 싶을 때 화장실에 갈 수 있다는 것이 얼마나 행복한 일인지 절감할 수 있었다.

한 달에 한 번 천막 앞에 종이가 뿌려졌다. 매월 20일을 전후해 스미다 구, 다이토 구 등을 포함한 도쿄도 차원에서 정기적으로 실시하는 '청소'에 관한 통고였다. 그날이 되면 천막촌 사람들은 자신의 집을 해체하고 그 안에 든 물건들을 모두 옮겨야만 했다. 계단을 오르고 벽 건너편으로 이동하는 것뿐이었지만, 그래도 집을 무너뜨리고 가재도구 몇 가지를 밖으로 옮기는 데 새벽 3시부터 아침 8시까지 꽤 오랜 시간이 걸렸다.

오전 10시에 관청 일행이 찾아왔다. 하천과 공원을 관리하는 부서 직원을 비롯한 관청 일행이 돌아가면 그와 동시에 천막촌 사람들은 서둘러 가재도구들을 들고 내려가 처음부터 다시 천막을 세웠다. "강가의 천막촌을 제발 좀 어떻게 해 달라"는 도민들 불만에 응하여 매달 반복되는 관청의 퍼포먼스라고 찰스는 생각했다. 집을 부수고 이동하고, 또 집을 짓고 이동하고…. 찰스는 육체적으로도 정신적으로도 큰 스트레스를 받았다.

장마철에는 최악이었다. 목재를 사용한 집은 4시간 정도면 다시 지을 수 있지만, 고마다와 찰스 집은 더 오래 걸렸다. 일을 마치고 돌아와 그때부터 집을 짓기 시작하면 금세 한밤중이 되었다. 비라도 내리면 "천장은 내일 합시다" 같은 태평스런 말도 할 수 없었다. 밤을 지새우다시피 하는 필사의 작업이 되었다.

여름에 스미다 강에서 열리는 불꽃놀이 축제도 큰일이었다. 열흘 가까운 축제 기간에 사람들은 또 집을 옮겨야 했다. 임시 숙소는 배수로 근처였다. 비오는 밤은 몸이 흠뻑 젖어 잠을 잘 수도 없었다.

천막생활에 필요한 첫 번째 필수품은 캠프에서 사용하는 소형 풍로였다. 아침에 물을 끓이거나 저녁으로 인스턴트라면을 끓여 먹을 때도 요긴하기 때문이다. 찰스는 저녁 끼니로 라면만 먹었다. 부추나 땅콩 등을 넣어 가능한 한 영양 균형을 맞추려고 노력은 했지만, 주로 면만 먹다 보니 현기증이 자주 났다.

그래도 찰스에게는 직장이 있었다. 적어도 '굶주릴' 걱정은 없는 것이다. 천막촌 사람들 중에는 아침부터 아무것도 먹지 못한 사람도 있었다. '지금 저 사람들은 모포를 뒤집어쓰고 무슨 생각을 하고 있을까?' 그들에게 마음이 쓰여 자기 혼자 라면을 먹는 것이 내내 불편했다.

어느 날 옆집 사람에게 케이크를 좀 나눠 주려고 갔더니 딱 잘라 거절을 했다.

"됐어. 앞으로 이런 짓 하지 마."

'나에게는 먹을 것이 있다. 그에게는 없다. 하지만 음식을 내밀면 받지도 않는다. 내가 할 수 있는 일은 무엇일까? 그저 기도밖에 없단 말인가?' 좀처럼 해답을 찾을 수 없었다.

얼마나 모르고 있었던가.

15개월간 천막촌에서 생활하면서 찰스가 알 수 있었던 것은 '그들에 대해 전혀 모르고 있다'는 사실이었다. 산야, 스미다강 그리고 길거리에서 생활하는 사람들 마음을 잘 알고 있다고 자부했는데, 머리로만 이해한 것 같았다. 자신은 백인에다 대학까지 나왔고 마음만 먹으면 어렵잖게 직장을 구할 수 있었다. '이제 이런 생활은 접고 다음 달부터는 아파트에서 살아야겠다'고 생각하기만 하면 언제든 안정된 생활로 돌아갈 수 있었다. 그런 자신이 그들과 '친구'가 되었다고 해도 거기에는 보이지 않는 벽이 분명히 있었던 것이다.

찰스의 말을 들으면서 나는 오사카 가마가사키에서 활동하는 혼다 데쓰로本田哲郎 신부를 떠올렸다. 혼다 신부는 가마가사키에서 '사회적 약자가 되어 버린 사람들' 편에 서서 함께 일할 길을 모색해 왔다. 그는 자신의 책 《가마가사키와 복음鎌ヶ崎と福音》(岩波書店, 2006)에서 "상대방 입장에서 생각하려 하지 않는 편이 낫다"고 말했다. 그러면 상대방에게 어떤 행동을 기대하게 되고, 그런 반응이 돌아오지 않을 때 오히려 차별적인 편견만

갖게 된다는 사실을 깨달았기 때문이다.

상상하여 마음을 헤아릴 수는 있다. 하지만 어설픈 그 행동이 도리어 상대방 상처를 더 깊게 할 수도 있는 것이다.

"단순하고 소박한 염려 정도로는 진정한 모습이 보이지 않는다. 그것을 깨닫는 것이 중요하다."

혼다 신부는 조언했다. 가마가사키에서 20년 가까이 활동해 온 사람만이 할 수 있는 말이다. 필시 찰스도 스미다 강가에서 비슷한 경지에 이른 것은 아니었을까.

찰스는 노숙인이니까 절망한 사람들이라고 단정 짓는 것도 잘못이라는 사실을 깨달았다. 고마다만 보더라도 노인센터에도 나가고 시도 지으면서 매일 바쁘게 지냈다. 작은 골판지 집일지언정 조금씩 개량해 훌륭한 집으로 만들어 가고 있었다. 자기 나름의 가치관을 갖고 고마다는 계속 나아가고 있었다.

'매달 스스로 자신의 집을 짓는다는 것은 상당한 성취감을 얻을 수 있는 일이다. 자신의 힘으로 살고 있다는 것을 이만큼 실감할 수 있는 일은 없다'고 찰스는 생각했다. 고마다는 생활보호 대상자로 관청의 도움을 받고 싶지는 않다고 조용히 말했다.

"집이 있고 일이 있고 가족이 있어도 인생에 허무함을 느끼는 사람이 많지요. 왜일까요? 베벌리힐스나 할리우드에 '외로운 사람을 도우러 왔습니다' 하면서 선교에 나서는 목사는 없습니다. 집과 가족 그리고 일이 있는 사람은 문제가 없으리라는 믿음이 사회에는 있는 것 같아요. 물론 일과 가족, 집 이 모두가 있는 편이 낫지요. 하지만 그것이 없다고 해서 불행하다고는 말할 수 없지 않습니까?"

찰스의 말이다. 노숙인은 '불쌍한 사람'이 결코 아니다. 그들에 대해 자신이 책임을 느낄 필요는 전혀 없다. 그들 역시 다른 사람들이 책임져 주기를 바라지 않기 때문이다. 찰스는 이 점을 분명히 깨달았다.

천막촌 생활을 끝내고 다음 걸음을 내딛을 때가 왔다. 찰스는 어릴 적부터 쭉 성모마리아 석고상을 부적처럼 갖고 다녔다. 떼어진 머리 부분을 접착제로 붙여 놓은 이 마리아상을 잠시도 잊지 않았다. 매달 관청에서 실시하는 청소 때에도 소중히 옮겼다. 그런데 스미다 강을 떠나던 날 찰스는 이 마리아상을 강물에다 버렸다.

"기분이 정말 좋았어요!"

책, 옷 등 지금까지 소중히 여겼던 많은 것이 단순하게 보였다. 인생에서 정말 소중한 것은 무엇일까, 필요한 것은 무엇일까. 한걸음 앞으로 나아갈 수 있을 것 같았다.

일본에서 푸드 뱅크를 가동하다

영어로 'responsible'은 '책임이 있는' '책임을 져야 할'이라는 뜻이다. 빈곤, 기아, 전쟁, 자연재해, 인신매매, 아동학대…. 세계에서 일어나는 다양한 문제 앞에서 우리는 그저 무기력하다. 대체 무엇부터 어떻게 손을 대야 좋을지 모른다. 아니, 아무것도 할 수가 없다. 그래서 그런 자신을 자책하거나 책임감 때문에 미안해 한다. 찰스는 이런 생각이 잘못되었다고 생각한다. 부적절한 책임감은 누구에게도 도움이 되지 않을뿐더러 지속적인 변화도 가로막을 수 있어서다. 일어나는 문제에 대해 일일이 책임감을 느낄 필요는 없다.

그러면 어떻게 해야 할까? 찰스는 'responsible'이 아니라 'response', 즉 그 문제에 어떻게 '반응'하고 '응답'하느냐가 중요하다고 말한다. 예컨대 당장 먹을 것이 없어 굶주리는 사람이 있다고 치자. 동정심과 책임감을 느낄 필요는 없다. 하지만 살아가는 데 먹을 것이 꼭 필요하다는 사실은 명백하다. 인간은 먹을 것이 없으면 아무것도 시작할 수 없기 때문에 다음 걸음으로 나아갈 수도 없다.

"그러니까 도구의 기능을 하는 음식을 필요한 사람에게 주는 것이죠."

그것이 굶주리는 사람에 대한 찰스의 응답이다. 그러나 그것은 '동정심에 도와주려고' 내미는 것이 아니다. "연필이 없으면 이 연필을 쓰세요."와 같은 느낌이다. 싫으면 안 받아도 그만이다. 의리나 속박은 전혀 없고 돈도 감사의 말도 필요 없다.

이런 찰스의 태도는 스미다 강가에서 살면서 고생하고 고민한 끝에 얻은 것이다. '무언가를 나눈다'는 행위만을 보면 산야에서 활동하던 때와 같을지도 모른다. 그러나 나눌 때의 마음은 전혀 달랐다.

"무료 급식을 할 때 '왜 이리 늦어?' '좀 빨리 나눠 줄 수 없나?'라는 노숙인들의 불만을 들어도 저는 웃으면서 대답하게 되었어요. '자, 이곳은 편의점도 백화점도 아니랍니다.'라고 말이죠."

그것은 그들을 불쌍하게 생각하지 않겠다는, 결코 특별히 대접하지 않겠다는 신념에서 나온 말이었다.

일본에서 푸드 뱅크를 설립하려는 움직임이 처음 일었던 것은 2000년 1월이다. 산야에서 노숙인들에게 무료 급식을 해 왔던 개인이나 단체 대표가 모여, 급식에 쓸 쌀을 기부받아 필요한 단체에 나누어 주자고 논의하게 되었다. 이들은 찰스를 포함해 공동대표 세 명도 선출했다.

그러나 이 연합은 오래가지 못했다. 서로의 생각과 지향점이 달랐기 때문이다. 예를 들어 '먹을 것'도 중요하지만 '일자리'를 주어 스스로 음식을 구할 수 있도록 해야 한다는 의견이 있는가 하면, 그냥 음식만 줄 것이 아니라 우선 노숙인들과 친숙한 인간관계를 맺어야 한다는 주장도 있었다. 식사를 제공할 대상도 산야의 노숙인으로 한정할 것인지, 생활이 어려운 빈곤층까지 확대할 것인지 의견이 갈렸다. 모든 의견이 타당하여 어느 것이 옳고 그르다고 판가름할 순 없었다. 각자 의견은 그 사람의 가치관, 철학에서 비롯된 것이므로 의견은 좁혀질 줄 몰랐다.

찰스도 인간관계를 맺는 것은 중요하다고 생각한다. 하지만 그것은 동시에 상대방을 부담스럽게 할 위험성이 있다. "당신에게 음식을 줄 테니 우선은 친구가 됩시다"고 하는 것이어서 음식을 주는 데 조건을 붙이는 느낌이 들었다.

"지금 아무것도 먹은 것이 없는 사람, 쓰레기통을 뒤져서라도 무엇이든 먹고 싶은 사람에게 인간관계 따위는 아무래도 상관 없을 겁니다. 우선 먹을 것부터 받길 원하지 않겠습니까?"

그런데 현실에서는 먹을 수 있는 많은 식품이 버려지고 있다. 일부러 구입하거나 만들지 않아도 남는 것들이다. 이런 식품을 산야뿐만 아니라 형편이 어려운 사람들에게 조건 없이 나누어주는 것은 조금도 나쁘지 않다. 아니, 오히려 모두 행복해지는 일이다. '일본에서도 본격적인 푸드 뱅크 시스템을 만들고 싶다.' 미국 푸드 뱅크를 돌아본 찰스는 마음을 굳혔다.

그러나 연합 안 사람들 사이의 틈은 메워지지 않았다. 푸드 뱅크라는 아기를 받아내려는 조산사는 많았지만, 푸드 뱅크는 좀처럼 세상 밖으로 나오지 않았다. 찰스는 도쿄에 머무는 외국인들에게 제안하여 홀로 '출산 준비'를 시작했다. 미국인과 영국인, 오스트레일리아인 사업가들이 함께했으며 여러 번 회의를 한 끝에 사업 계획을 구상할 수 있었다.

연합의 공동대표 중 한 명이었던 후지타 히로시藤田寬는 나중에 나가노 현에서 농장을 운영하면서 나가노 현에서 남아도는 쌀과 채소를 푸드 뱅크에 보냈다. 지금은 야마나시 현에서 농장을 빌려 노숙인들과 함께 채소를 재배한다. 사람과 사람의 관계, 인연을 중시하며 꾸준히 활동하고 있다.

또 한 명의 공동대표였던 유아사 마코토는 현재 비영리법인 자립생활지원센터 사무국장이다. 집이 없는 사람들이 아파트를 빌릴 때 필요한 연대 보증인을 자청하기도 하고, 생활보호 신청을 할 때 돕기도 한다. 빈곤 문제를 '사회운동'으로 추진하는 '반反빈곤 네트워크' 사무국장도 역임하여 강연이나 집필 활동 등을 통해 '빈곤'을 널리 세상에 알리고 있다.

2002년 3월 도쿄에서 우여곡절 끝에 일본 최초의 푸드 뱅크 설립 총회가 열렸다. 찰스가 이사장을 맡았다. 7월에는 특정비영리활동법인으로 인증을 받았다. 이해 찰스는 조치 대학교 대학원에 들어가 〈미일 푸드 뱅크 비교〉에 대한 연구도 시작했다. 이상과 현실, 이론과 실천을 인식하고, 미국과 일본을 비교해가면서 정신없이 내달렸다. 사무실도, 창고도 없는 미약한 시작이었다.

찰스의 행동을 보며 너무 '무모하다'고 생각하는 사람도 있고, 찰스가 외국인이라는 이유로 '일본에는 일본 방식이 있다'고 반발하는 사람도 있었을 것이다.

"특히 관청에서 많이 그러지요. '어렵다' '전례 없다'고 하면서 불가능한 이유를 잔뜩 늘어놓고는 '역시 무리'라는 것을 열심히 증명하려고 합니다. 어려운 일일수록 어떻게 하면 될지, 문제가 있다면 어떻게 해결해 가야 할지를 생각해야 하지 않을까요?"

이것이 찰스의 지론이다. 정말 맞는 말이다. 관청 이외에도 줄기차게 불가능한 이유만을 대는 회의가 얼마나 많은가. "일단은 좀 더 자세히 조사한 후에" "지켜봅시다" "검토하겠습니다"고 말해 놓고 검토에 검토만을 거듭하는 듯한 기막힌 행태를 정치권에서도, 우리의 생활 주변에서도(그리고 나에게서도) 흔히 볼 수 있다.

조사나 검토가 나쁘다고 말하는 것이 아니다. 어째서 과감히 한 걸음 내딛어 볼 용기를 내지 못하느냐는 말이다. 실패하면 다시 시작하기 어렵다고 여기는, 일본 사회에만 존재하는 '브레이크 기능'이 그 밑바탕에서 작동되고 있는 것인지도 모른다.

푸드 뱅크의 제안에 처음으로 응한 기업도 역시 푸드 뱅크 활동을 아는 외국 업체였다. 코스트코는 자사가 정한 판매 기한은 지났지만 충분히 맛있게 먹을 수 있는 빵과 채소, 과일 등을 기부해 주었다.

그러나 처음에는 대소동의 연속이었다. 당시 푸드 뱅크에는 아직 창고가 없어서 그날 받은 냉장식품은 그날 모두 나누어 주어야 했다. 차도 두 대밖에 없어 다 나누어 주지 못한 적도 있다. 그럴 경우엔 봉사자의 집 마당에 무나 샐러리, 버섯 등을 파묻었다. 식료품은 주로 이전에 알던 산야의 단체와 스미다 강가의 노숙인들에게 나누어 주었다.

요코타 미군 기지에서 '밀가루 500킬로그램이 남았다'고 연락해 준 덕분에(?) 찰스 집 부엌이 순식간에 밀가루 포대로 점령당한 적도 있었다. 건강식품회사에서는 유통 기한이 거의 다 돼 팔지 못하게 된 영양바를 보냈다. 한 아름 크기의 상자가 열일곱 개! 그것이 6주 동안 찰스의 아파트에 차곡차곡 쌓여 갔다.

"상자를 현관에까지 쌓아 올려 상자 옆으로 바짝 붙어 걷지 않으면 집으로 들어갈 수 없을 정도였어요. 그때만큼은 결혼하지 않길 정말 잘했다고 생각했어요."

지금이야 웃으며 이야기하지만, 겨우 다 나누어 주면 이내 다음 열일곱 상자가 도착하는 '악몽 같은 날들'이었다.

2002년 3월 이후 1년 동안 나누어 준 식료품은 약 3천 톤. 2003년 8월, 도쿄의 아사쿠사바시에 염원하던 창고와 사무실을 얻자 반년에 식료품 50톤을 취급할 수 있게 되었다.

그러나 정작 어려웠던 것은 식료품을 기부받는 일보다 그것을 받아 줄 단체를 찾는 일이었다.

"식료품을 무료로 나누어 드리겠습니다. 어떠십니까?"

그런 전화가 걸려 오면 누구든 미심쩍게 생각할 것이다.

"솔직히 무서웠어요. 사람을 의심하면 안 된다고 생각하면서도 먹는 것인 만큼 더욱 경계했지요. 우리는 많은 사람의 생명을 책임지고 있으니까요."

한 아동보육시설 원장은 당시를 이렇게 회상했다. 계속 말이 이어졌다.

"교회 관계자가 받아도 괜찮다고 보증했지만, 그래도 처음에는 날로 먹는 것은 받지 않겠다, 삶거나 볶을 수 있는 것만 받겠다고 했지요. 지금 생각해 보면 엄청난 무례를 저질렀던 셈이죠."

찰스와 일본인 활동가들은 오랫동안 각자의 활동 분야에서 쌓아 온 신뢰 관계를 토대로 조금씩 기부할 곳을 늘려 나갔다.

각지의 아동보육시설과 여성보호소, 노인시설 등으로 몇 번이고 걸음을 옮겼다. 그래서 2003년에는 기부하는 곳이 45단체나 되었다.

2004년 푸드 뱅크는 지금의 '세컨드 하비스트 저팬Second Harvest Japan(이하 2HJ)'으로 이름이 바뀌었다. 《구약성서》에서 '두 번째 수확(Second Harvest)'이란 말을 가져왔다. 작은 텃밭에서 시작된 거대한 도전은 차근차근 진행되어 갔다.

그런데 모임 이름에 성경 구절이 인용되고, 찰스가 선교사라는 점으로 미루어 2HJ를 가톨릭계 단체로 오해하는 사람들도 있다. 그러나 '종교는 일체 끌어들이지 않는다'는 것이 2HJ의 철칙이다. 이 때문에 사무실에는 조그마한 크리스마스 장식품 하나 없다. 봉사자와 직원 중에는 무신론자도 있다.

"신앙은 어디까지나 개인적인 문제예요. 일본에서 가톨릭 신자를 늘릴 마음은 눈곱만큼도 없을뿐더러 그건 제가 할 일도 아닙니다."

찰스의 설명이다.

2HJ는 일본에 머무는 외국인들이 주축이 되어 시작되다 보니 지금도 유럽과 미국계 등 외국인 봉사자들 활동이 두드러진다.

아동보육시설에 식품을 보내는 모습.

토요일에 무료 급식을 할 때 가 보면 영어로 나누는 대화를 더 많이 들을 수 있다.

"일본인 친구가 좀처럼 생기지 않아 외로움을 타는 외국인이 많은 것도 한 요인이라고 생각합니다. 아직은 일본 사회에 섞이지 못했지만, 사회 일원으로서 자신도 뭔가 도움이 된다는 느낌을 갖고 싶어 자국에서는 비교적 많이 알려진 푸드 뱅크 활동에 참여하는 사람이 많은 것 같아요."

외국인 봉사자가 많은 이유를 찰스는 이렇게 분석한다. 이 때문인지 2HJ 홈페이지(www.2hj.org)는 일본어와 영어로 쓰여 있다.

일본 사람들은 봉사라고 하면 '뭔가 특별한 일'이라고 여기는 반면, 서양 사람들은 '당연한 것'으로 여기는 듯하다. 이런 평소 생각이 여실히 드러난 사건이 있다.

매주 토요일 오전, 아사쿠사바시 사무실 앞은 북적거린다. 우에노 공원에서 할 무료 급식 준비 때문이다. 통조림을 여는 사람, 큰 냄비 안의 수프를 휘휘 젓는 사람, 밥 짓는 사람, 빵을 나누어 놓는 사람…. 십여 명이 왁자지껄 떠들며 즐겁게 작업하는 모습을 행인들이 이상한 듯 쳐다보며 지나간다.

어느 토요일이었다. 한 미국인 여성이 열 살이 좀 넘어 보이는 아이를 데리고 마침 그곳을 지나고 있었다.

"어머, 무슨 축제예요?"
"푸드 뱅크 활동의 하나인데요. 우에노 공원에서 무료 급식을 하고 있답니다."

그녀의 물음에 한 봉사자가 영어로 설명해 주었다. 그러자 그녀는 이렇게 대답했다.

"좋은 일 하시네요. 다음 주에도 하나요? 일본에 여행하러 왔는데, 다음 주 토요일 정도면 도쿄에 있을 것 같거든요. 그때 저도 함께해도 될까요?"

그런 뒤 2HJ 연락처를 적어 갔다.
그녀가 정말 왔는지는 확인하지 못했다. 그러나 모처럼 여행하러 온 이국땅에서 귀중한 하루를 봉사 활동에 쓴다는 발상에 나는 놀라지 않을 수 없었다. 이런 실천 또는 찰스가 말하는 'response'가 지금껏 2HJ를 지탱해 오고 있다.
케첩이나 데미글라스 등으로 알려진 하인즈의 일본 지사에

다니던 폴 모리는 2003년 여름 퇴근길에 길가에 서 있는 차 한 대를 발견했다. 그 차에는 'Food Bank Japan(2HJ의 처음 이름)'이라고 쓰여 있었다. 미국에서는 대형 식품회사가 푸드 뱅크 활동에 관여하는 것이 당연했다. 미국 출신인 모리는 일본에는 왜 푸드 뱅크가 없는지 진작부터 이상하게 생각하고 있었다.

그런데 눈앞에 푸드 뱅크 차가 있는 게 아닌가. 모리는 집으로 돌아가자마자 인터넷으로 단체 홈페이지를 찾아내 찰스에게 연락했다. 현재 어떤 것들이 필요하고, 자신들이 무엇을 얼마나 제공하면 좋을지를 물었다. 몇 차례 찰스와 이야기를 나눈 뒤 모리는 즉시 회사 경영진에게 이 일을 알렸다.

당시 모리는 아직 임원은 아니었지만 그의 제안은 곧바로 받아들여졌다. 그때부터 지금까지 하인즈는 2HJ에 계속 기부하고 있다. 한 사원의 'response'가 커다란 힘이 되었던 예다.

푸드 뱅크 활동에서 무엇이 가장 중요한지 묻자 찰스는 '신뢰 관계'라고 대답한다. 기업, 시설과 신뢰 관계를 맺지 못하면 푸드 뱅크는 유지될 수 없다는 것이다. 그래서 그는 기업 등에서 강연할 때마다 어김없이 이렇게 강조한다.

"오해 없으시기 바랍니다. 우리는 결코 먹을 것을 원하는 것이 아닙니다. 우선은 관계를 맺고 싶습니다. 부디 파트너로서 우리를 보아 주십시오. 그리고 함께 무엇을 할 수 있을지 생각합시다."

알레얀드로 로페스는 2HJ 설립 초부터 협력해 온 파트너 중 한 사람이다. '비컨 커뮤니케이션즈Beacon Communications'라는 광고 대행사 임원으로 있을 당시 찰스에 관한 인터뷰 기사를 읽고 2HJ 문을 두드렸다. 로페스는 찰스에게 물었다.

"식품과는 직접적인 관계가 없는 회사지만 프로 보노 활동을 하고 싶습니다. 뭔가 할 수 있는 일이 없을까요?"

프로 보노Pro Bono란, 라틴어로 '공공의 이익을 위하여'라는 뜻이다. 미국에서는 변호사나 회계사 등 전문 지식이나 기술을 가진 사람들이 공공의 이익을 위해 무상으로 일을 해 주는 것이 흔한 풍경이다. 로페스는 찰스와 이야기를 나누다 2HJ에 아직 로고와 마크, 홍보물 등이 없음을 알았다. 그야말로 광고 대행사에서 해 줄 수 있는 일들이었다. 로페스는 무료로 그것을 만들어 주기로 약속했다. 2HJ의 로고와 마크, 양손에 그릇을 든 '라이스 맨rice man'과 '모든 이에게 음식을'이라는 슬로건도 만들어 냈다.

"우리는 어차피 매일 일해야 합니다. 가지고 있는 기술과 능력의 아주 작은 부분을 이런 활동을 통해 살릴 수 있다면 행복하지 않겠습니까?"

로페스 말이다.

와다 유스케和田裕介는 2004년 초반 2HJ에서 봉사를 시작했다. 학생 시절에는 아동관에서 아이들과 놀아 주는 봉사 활동도 했다. 졸업 후 번역회사에서 코디네이터로 일하면서는 2HJ의 토요일 무료 급식에 참여했다. 2년이 지났을 무렵 2HJ에서 직원을 모집한다는 말을 들었다.

그런데 아무리 시간이 흘러도 신청자가 나타나지 않았다.

'아무도 나서지 않는다면 내가 한번 해 볼까…?'

와다는 과감히 신청했다. 찰스는 무척 기뻐했다. 이렇게 해서 2006년 3월, '일단 저지르고 보는' 이사장을 보필할 온화하고 진중한 사무국장이 탄생했다.

"어려운 사람이 있으면 절대 못 본 척 못하는 찰스 같은 정의감은 없습니다. 저는 엄밀히 말하면 '무언가 하긴 해야겠는데 어떻게 해야 하나?' 하는 정도의 고민만 갖고 있습니다. 하지만 자그마한 일이라도 뭔가 할 수 있다면 기쁠 겁니다. 그 자그마한 일을 찾으면서 살아가겠지요."

와다는 웃으면서 말했다. 사무국장 월급은 회사원 시절의 반도 안 된다.

"찰스가 여기저기에서 그렇게 말하고 다니니까 정말 부끄럽습니다. 듣는 사람이 굉장히 불쌍한 눈으로 저를 바라보니까요 (웃음). 제가 세상의 대다수 사람들과 다르다고 생각하는 한 가지는 생활의 안정을 최우선으로 두지 않는다는 거예요. 물론 경제적으로 안정되지 않으면 어렵지만, 인생은 때때로 그보다 중요한 일이 있으리라는 청춘만화에 나옴직한 말들을 진심으로 믿고 있거든요."

자신감과 미국적인 합리주의를 그대로 드러낸 듯한 2HJ 활동에 와다의 세심한 배려가 더해졌다. 영어가 유창한 와다가 찰스의 입과 귀가 되었다. 2HJ와 일본 기업, 시설 등이 잘 협력할 수 있도록 힘을 발휘했다. 찰스가 과감히 '미국적인' 공을 던져도 와다를 통하면 일본 사회에서 쉽게 받아들여졌다.

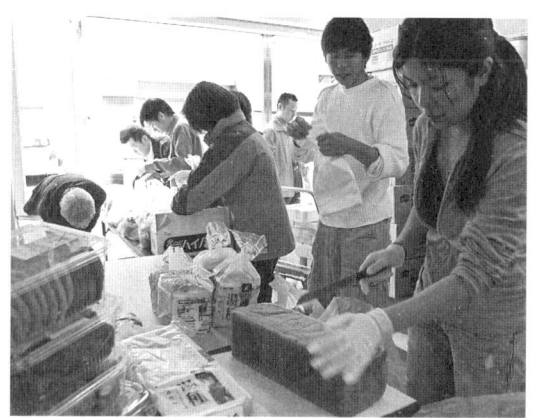

식품을 분리하는 2HJ 봉사자. 일본인도 늘었다.

때로는 엄청난 양의 식료품이 한꺼번에 2HJ에 도착하기도 했다. 개중에는 '어려운 사람들'의 존재 따위는 거의 염려하지 않는 기업도 있다. 나누어 주어도 나누어 주어도 끝이 없을 때 와다는 문득 일을 멈추고 생각에 잠긴다고 한다.

'이것은 대체 누구를 위한 활동일까?'

이렇게 고민하면서도 그녀는 푸드 뱅크의 의미를 믿는다.

"그래도 저는 푸드 뱅크가 좋아요. 기다리는 사람, 기뻐하는 사람들이 있으니까 말이죠. 그 초심을 잃지 않으려고 합니다."

이제, 이 장 앞머리에 썼던 의문으로 돌아가야겠다. 이국땅에서 외국인 찰스는 왜 푸드 뱅크를 시작한 걸까, 무엇이 그를 움직인 걸까.

"저는 미국인이지만 지금 일본에서 살고 있습니다. 이 땅을 제가 살고 싶고, 제 아이가 살고 싶어 하는 곳으로 만들기 위해 할 수 있는 일을 할 뿐입니다.
어떤 사회에서 살고 싶냐고요? 굶주리는 사람들이 없는 사회에서 살고 싶습니다. 제가 좋은 일을 하고, 사회에 이바지한다고 결코 생각하지 않습니다. 그렇게 보이고 싶지도 않습니다. 한쪽에서는 먹을 것이 남아돌고, 한쪽에는 먹을 것이 모자랍니다. 저는 이 둘을 이어 줄 뿐입니다. 그래서 이 일은 저에게도 즐겁기 그지없습니다.

늘 배가 고팠던 소년. 결코 '완벽'하지 못했던 인생. 하지만 푸드 뱅크를 세운 찰스는 지금 행복해 보인다.

4 장

푸드 뱅크는 반창고?

도쿄에서 푸드 뱅크가 활동을 시작한 것은 2003년 봄이었다. 간사이에서도 한 미국인이 막 푸드 뱅크를 설립하려던 시기였다. 바로 브라이언 로렌스였다. 당시 그는 커리어 우먼인 아내가 전근하는 바람에 함께 일본으로 건너와 효고 현 아시야 시에서 생활하고 있었다. 영어를 가르치고 있었지만, 시간적으로는 여유가 있었다. 그러다 불쑥 '그래, 푸드 뱅크에서 봉사를 하자'고 결심하게 되었다.

그런데 중요한 것은 푸드 뱅크가 존재하지 않는다는 사실이었다. 여느 사람이라면 '뭐야, 일본에는 푸드 뱅크가 없는 거야?' 하며 그 길로 포기했을 테지만, 브라이언은 달랐다. 동쪽에 찰스가 있다면 서쪽에는 브라이언이 있었다.

"없으면 할 수 없지. 내가 만들겠어!"

브라이언 역시 찰스처럼 일단 달리기 시작했다.

일본어는 거의 하지 못했다. 그런데도 혼자서 코스트코 아마가사키점에서 남은 식품을 받아다가 오사카 니시나리 구에 있는 노숙인보호시설과 나카노시마의 무료 급식 텐트까지 실어 날랐다. 일요일을 빼고 주 6일간 그 일을 계속했다. 얼마 후 그런 브라이언을 도와주는 사람들이 나타나 '푸드 뱅크 간사이(이하 간사이)'가 만들어졌다.

그러나 아마가사키 시내에 사무실을 낸 직후 브라이언은 아내와 함께 호주로 떠나고 말았다. 아내가 또 전근을 가야 했기 때문이다.

남은 일본인 봉사자들은 계속 활동하기로 합의했다. 창립 멤버였던 자영업자 후지타 오사무藤田治가 이사장이 되었고, 주부인 아사바 메구미浅葉めぐみ가 사무국을 맡았다. 모두 2차 대전 직후 태어난 이른바 '단카이団塊 세대*'였다. 아시야 시에는 사

- 1947년에서 1949년 사이에 태어난 일본의 베이비 붐 세대.

무실과 프리패브 식 냉동 창고를, 아마가사키 시에는 대형 냉장고를 비치한 창고를 갖추고, 조금씩 활동을 넓혀 나갔다. 2007년에는 국세청의 인증을 받아 염원하던 비영리법인이 되었다.

토요일 점심, 아시야 시에 있는 사무실을 찾아갔다. 주택지 안에 자리한 지극히 평범한 집이었다. 한 봉사자의 집을 월 2만 엔(약 26만 원)에 빌려 쓰고 있다고 했다.

"마침 잘되었네요. 토요일 점심에는 시식회를 하니 드시고 가세요."

아사바의 권유로 따라갔다. 푸드 뱅크 사무실이라기보다는 가정집에서 점심을 대접받는 기분이었다. 잠시 후 식탁에 접시가 놓였다.

"시금치가 많이 들어갔어요."

아사바가 맨 먼저 내놓은 것은 직접 만든 짙은 초록색 수프였다. 뒤이어 그녀는 싱싱한 채소샐러드와 닭튀김, 밥이나 빵을 선택해 먹도록 했다. 과일과 롤케이크, 커피 등이 후식으로 나왔다. 식사한 사람들은 350엔 이상(약 4500원)의 모금액을 얼마

남은 식료품으로 만든 점심.

든지 자유롭게 낼 수 있었다. 음식 재료는 모두 그 주에 쓰고 남은 것들이었다.

조리사 자격이 있는 봉사자와 전업주부가 만들어선지 음식은 먹음직스럽고 맛도 아주 좋았다. 근처에 사는 사람들과 봉사 활동에 관심 있는 사람들이 부담 없이 들르기 시작하여, 많으면 일주일에 열 명 정도가 먹으러 온다.

이날도 젊은 여성 세 명이 와 있었다.

"푸드 뱅크 활동을 소개한 TV 프로를 보고 봉사 활동을 해 보려고 왔어요."

멀리에서 자전거를 타고 온 사람도 있었다.

잠시 뒤 사무실 앞에 밴 한 대가 멈추어 섰다. 오사카 니시나리의 '가마가사키 지원기구*'에서 식품을 받으러 온 것이다.

"1천여 명을 수용하는 보호소라서 음식이 늘 모자랍니다. 일주일에 한 번 1톤 정도 받아 가는데 이것도 그날 밤 안에 전부

● 일본의 대표적인 노숙인 마을로 알려진 가마가사키를 노숙인뿐만 아니라 장애인과 노인 등 사회적 약자들이 함께 공존하며 살아가는 마을로 조성하고자 활동하는 비영리단체. 노숙인들을 위해 이마미야, 하기노차야 등 두 곳에 보호소를 두고 있다. 노숙 생활에서 벗어나도록 하려고 취업 상담은 물론 주택, 의료 등 생활 지원 사업도 병행한다.

먹어 버린다니까요."

담당자 말이다. 영양 상태가 안 좋은 사람이 많아서 특히 냉동 치킨이 고맙다고 했다.

"마음 같아선 매일이라도 오고 싶습니다."

빼곡히 식품을 실은 밴이 마음 무거운 듯 떠나갔다.
간사이에 식품을 제공하는 기업체는 모두 9곳. 간사이는 기업체에서 받은 식품 약 72톤을 2007년 1년 동안 31단체에 나누어 주었다. 단체는 주로 장애인 작업장, 모자보호시설, 독거노인을 지원하는 곳이다. 개인에게는 보내지 않는다. 2006년 9월부터는 서 일본 지역의 할인점에서 매달 쌀 약 6백 킬로그램을 기부받아 단체에 보내고 있다.

"다른 것은 몰라도 일본인들은 따뜻한 밥을 먹어야 든든해 하거든요."

아사바는 일본에서 이루어지는 푸드 뱅크 활동인 만큼 쌀이 꼭 필요하다고 생각해 쌀을 확보하는 데 힘을 쏟는다. 그녀는 푸드 뱅크가 조금씩 성장해 가는 모습은 보기 좋지만 거대화되는 것에는 반대한다.

"조직이 지나치게 커지면 본래 취지가 흐려질 수 있고, 식품을 먼 곳까지 운반해야 해서 에너지도 불필요하게 낭비됩니다."

아사바는 "지역 봉사자가 그 지역 식품을 그 지역의 어려운 사람에게 보내는 이른바 '지산지소형地産地消型' 푸드 뱅크가 가장 바람직하다"고 자신의 소견을 밝혔다.

간사이의 커다란 고민거리는 활동비 마련이다. 연간 활동비는 220만 엔(약 2800만 원) 정도. 반은 회원들이 내는 연회비와 기부금이고, 나머지는 민간 복지재단의 지원금이다. '외줄 타듯' 아슬아슬하게 운영되고 있는 것이다.

"지금까지는 다행히 몇몇 곳에서 지원을 해 줬습니다. 하지만 이들 재단은 매년 응모해서 심사를 거친 후 지원을 결정합니다. 그래서 내년에도 받게 될지 어떨지는 전혀 예측할 수 없습니다."

아사바는 걱정한다. 상황이 이렇다 보니 후지다를 비롯한 봉사자 약 25명은 모두 무상으로 일한다.

"기름 값, 고속도로 요금은 나오지만 그 외의 것은 전부 자기 돈을 씁니다. 자기 차로 식품을 받으러 가고 그대로 각지의 시설로 운반합니다. 봉사자가 모는 차의 조수석에 타 보면 대개 무청이나 파 이파리가 떨어져 있어요."

후지다가 웃으면서 말한다.

"하지만 직장에 나가는 평일에는 돈에 얽힌 이야기들만 듣게 되죠. 100엔에 샀으면 150엔에 팔아야 한다는 둥 속고 속이기의 연속이에요. 이곳에 오면 대가 없이 받은 것을 대가 없이 나누어 줍니다. 숨길 것이 없죠. 스트레스가 전혀 없는 정도가 아니라 스트레스가 싹 사라져요. 돈을 받는 것 이상의 가치가 이곳에 있다고나 할까요?"

어쩌면 이것이 후지다가 계속 봉사해 올 수 있었던 커다란 이유인지도 모른다.

간사이는 국세청 인증을 받은 비영리법인이기 때문에 이곳에 기부하면 세금우대 혜택을 받을 수 있다. 시민들의 기부는 조금

늘었지만, 기업에서는 아직 이렇다 할 움직임이 보이지 않는다. 활동을 더 널리 알려 기업의 기부도 받아 자금 걱정 없이 이 일에만 전념하는 직원을 두는 게 지금 후지타 이사장의 가장 큰 바람이다.

푸드 뱅크로는 먹고살 수 없다?

활동 자금과 인재 확보. 간사이가 안고 있는 과제는 2HJ에도 해당되고, 일본의 많은 비영리단체가 안고 있는 공통적인 고민이기도 하다. 정부에 따르면, 2007년 말 현재 전국에는 3만 3천 개가 넘는 비영리법인이 있다. 그러나 직원들은 대부분 무급이며, 경리 담당 직원을 따로 둔 단체는 20퍼센트에 불과하다.(내각부 국민생활국 2005년 〈시민활동단체 등 기본조사〉)

'다이이치第一생명경제연구소' 기타무라 야스코北村安子 부주임 연구원은 비영리단체에 종사하는 20~30대 남녀를 대상으로 설문 조사를 했다. 설문에 응한 182명 중 유급 종사자는 약 77퍼센트가 넘었으나, 평균 수입이 1년에 약 160만 엔(약 2000만 원)으로 전체의 3분의 2가 연 수입이 200만 엔(약 2600만 원) 미만이었다. 이들 중 약 30퍼센트는 다른 일도 하고 있었는데, 가장 큰 이유가 "비영리단체의 수입만으로는 생활을 꾸려 갈 수 없기 때문"이었다(《라이프디자인리포트》 2007년 7~8월).

많은 식품을 운반하는 일이다 보니 푸드 뱅크의 직원과 봉사자들은 대개 허리 통증이나 요통을 앓는다. 고된 일인 만큼 체력이 있는 젊은이들이 필요하지만 20~30대가 이 활동에 전념하려면 용기가 필요할지도 모른다.

그나마 형편이 나은 2HJ의 2008년도 활동 자금은 약 3천5백만 엔(약 4억 5천만 원)인데, 대부분 기업이 기부한 것이다. 그런데 거액을 기부한다고 해도 그 기업이 계속 기부하리라고 확신할 수는 없다. 경기나 실적에 따라 기업 입장이 달라질 수 있기 때문이다.

"먹는 데 어려움을 겪는 사람들을 지원하던 우리가 어느 날 무료 급식을 받기 위한 긴 줄에 서게 될지도 모르죠."

이런 농담 같은 진담을 2HJ 직원에게서 들은 적이 있다. 2HJ에는 현재 풀타임과 파트타임으로 일하는 직원이 여덟 명 있다. 이런 근무 환경이라면 어떤 우수한 인재가 안심하고 일을 계속할 수 있겠는가.

내각부 국민생활국의 〈비영리단체의 현황과 과제〉(2005년)에

시민들이 낸 기부금으로 건립된 그레이터 시카고 건물.

따르면, 비영리단체 수입 내역을 보면 사업 수익이 가장 많고(약 70퍼센트), 보조금·조성금(약 14퍼센트)이 그 뒤를 잇는다. 비영리단체는 기부금으로 운영된다는 이미지가 강하지만, 기부금은 고작 약 9퍼센트다. 기부 수익이 50만 엔(약 650만 원) 미만인 단체가 전체의 78퍼센트나 된다.

미국 푸드 뱅크에서는 활동 자금의 반 이상이 개인이 낸 기부금이다. 그레이터 시카고의 새로운 건물에 든 총 공사비는 3000만 엔(약 4억 원)을 넘었는데, 캠페인을 통해 1만여 명에게서 기부금을 받아 건립한 것이다. 일본과 미국의 기부 문화 차이를 여실히 보여 주는 상징적인 건물이다.

무상으로 받은 식품을 무상으로 주는 푸드 뱅크 활동에서는 사업 수익이 발생하기 어렵다. 이 문제를 어떻게 풀 것이냐가 커다란 고민이다.

푸드 뱅크는 식품회사의 폐기 비용을 줄여 줌으로써 식품회사에 도움을 주는 활동이기도 하므로, 식품회사가 '인수 비용'을 조금이나마 부담하도록 하면 좋으리라는 견해가 있다. 그러나 그렇게 하면 푸드 뱅크는 '값싼 산업 폐기물 처리소'가 되어 버릴 것이다.

미국처럼 식료품을 받아 가는 단체로부터 '유지비'를 걷는 것은 어떨까? 그러면 푸드 뱅크가 그야말로 '염가판매할인점'

이 되어 버릴 우려가 있다. 더욱이 일본에서는 약자에게서 돈을 받는 것에 반발심도 크다. 염가품조차 살 수 없는 가장 약한 사람들의 입장을 배제하는 결과를 낳을 수도 있다.

받은 식품의 일부를 팔아 수익을 내는 것은 어떨까? 기업이 가장 염려하는 것이 바로 이것이다. 그래서 '팔지 않겠노라' 약속한 후 기부를 받는 것이다.

미국의 푸드 뱅크를 비롯한 많은 비영리단체는 공익연계마케팅Cause-Related Marketing으로 수익을 얻는다. 이것은 기업과 비영리단체가 파트너십을 맺고, 사회 문제를 해결하기 위해 기업의 마케팅을 활용하는 '자선 사업과 관련된 마케팅'이다.

그레이터 시카고에서는 지역 할인점 6곳과 함께 2008년 4월부터 5월에 걸쳐 '배고픔에는 계절이 없다Hunger knows no season'는 캠페인을 벌였다. 이 기간에 마크가 찍힌 상품 30품목 중 하나를 사면 수익의 일부가 '그레이터 시카고'에 기부되는 것이다.

"저희 가게에서 이 마크가 찍힌 상품을 구입하면 시카고에서 굶주림에 시달리는 사람들을 도울 수 있습니다."

지역 방송국에서는 행사를 알리는 광고가 흘러나왔다.

'배고픔에는 계절이 없다'는 캠페인 마크.

피딩 아메리카에서는 1년 내내 다양한 공익연계마케팅을 벌인다. 한 파스타 제조업체가 만든 요리책을 무료로 다운로드 하면 회사에서 1달러가 '피딩 아메리카'로 기부되는 등 최근에는 인터넷을 통한 마케팅도 늘고 있다.

공익연계마케팅은 푸드 뱅크 측과 기업 모두에게 도움이 된다. 푸드 뱅크에서는 활동을 널리 알리는 동시에 자금을 늘릴 수 있고, 기업에서는 판매 촉진은 물론 '사회에 공헌하는 기업'이라는 평가도 얻을 수 있다.

찰스는 일본의 푸드 뱅크에서도 공익연계마케팅이 가능하지 않을까 하는 기대를 품고 기업을 돌아다니고 있다. 기업에서도 시설에서도 돈을 받을 수 없고 이런 마케팅도 아직 실현되지 않아서 기부에 의존할 수밖에 없는 것이 현재 일본 푸드 뱅크의 현실이다. 그러나 기부금을 모으는 일조차 일본에서는 쉽지 않다.

2002년에 일본의 푸드 뱅크는 기부금 약 7천억 엔(약 9조 1천억 원)을 받았는데, 이 금액은 미국의 25조 엔(약 325조 원)의 30분의 1에도 못 미쳤다. 2004년 영국 푸드 뱅크의 약 2조 엔(약 26조 원)에도 훨씬 못 미치는 액수이다(《아사히신문》 2007년 11월 18일). 또한 2007년 총무성 가계 조사에 따르면, 일본의 한 가정당 평균 기부 금액은 2277엔(약 3만 원)이다. 미국과 일본의 기부 가정의 비율에는 큰 차이가 없지만, 일본의 경우 기부 금액

자체가 적은 것이다.

2000년도 《국민생활백서》에 따르면 '지역 사교 모임의 일환으로' 기부한다고 답하는 사람이 가장 많고(53퍼센트), 공동 모금에 기부했을 때 '강제성을 느낀 사람'도 11퍼센트였다. 이 백서는 '기부 배경에는 순수한 사회 공헌 의식만이 아니라 사교 목적이나 강제성도 작용한다'고 지적한다. 또 국토교통정책연구소 조사에 따르면, 모금을 포함한 개인들이 기부하는 곳은 널리 알려진 단체가 많았고, 비영리단체나 봉사단체에 대한 기부는 매우 한정적이었다.

일본에서 기부 문화가 자리 잡지 못한 데에는 기부금 세제稅制의 영향도 크다. 국세청 인증을 받은 '비영리법인'에 기부하면 세금우대를 받을 수 있지만, 전국적으로 3만 개가 넘는 비영리법인 가운데 인증을 받은 법인은 불과 84곳에 지나지 않는다(2008년 5월 1일 현재). 기부를 촉진하는 사회적 분위기가 아직은 조성돼 있지 않은 셈이다.

2005년 7월 노무라증권 공익법인 지원실이 발표한 〈미국 대학의 기부 모집 전략〉에 따르면, 기부금 세제가 잘 정비되어 있는 미국에서는 사람들이 '세금 혜택을 이유로 기부를 결정하지는 않는다'고 한다. 일본인들은 지역 친목 모임 등에서 기부를 하는 데 반해 미국인들은 '비영리단체의 활동에 대한 신뢰' '공동체에 대한 책임과 시민으로서 자부심' '단체의 재무 안정성' 등이 상위를 차지하는 기부 이유였다. '세금우대'는 하위 영역에 속했다.

한편, 일본에서도 기업의 사회적 책임(Corporate social responsibility, 이하 CSR)에 대한 문제의식이 널리 확산되고 있다. 하지만 모 기업의 CSR 담당자는 넌지시 이렇게 말한다.

"아무래도 기업도 인지도 있는 단체나 지구 환경 같은 누구나 이해하기 쉽고 지지할 수 있는 문제를 다루는 곳에 기부하려고 하죠."

또한 드러내지는 않지만, 기업뿐만 아니라 일본 사람들은 노숙인 지원을 꺼린다. 노숙인은 게으름뱅이일 뿐이지 약자는 아니라고 보는 시각이 많다. 이 때문에 노숙인을 지원하는 단체는 더더욱 기부금을 받기 어려운 게 현실이다.

더욱이 일본에서는 부유층의 사회 환원이 보편화되어 있지 않다. 《아사히신문》(2007년 3월 9일)에 따르면, 미국의 성공한 사업가들은 빈곤 대책이나 대학 설립에 나서 사익을 추구하는 시장경제 위에 타인과 사회에 책임을 지는 '공익' 사상을 뿌리내리게 했지만, 일본 부유층은 부를 국외로 반출하고 그 수수료로 금융기관이 고수익을 얻고 있을 뿐이다. 일본 기업들은 '국제 경쟁에서 이기기 위해' 세금 감면이나 요구할 뿐, 사회와 깊이 공조하는 것은 피하는 듯하다. 또한 정부는 서로를 지탱하는 새로운 장치를 만들어야 할 때에 이에 역행하는 시장 중심의 정책을 추진했다.

정착되었다고는 하지만 일본 사회에서 비영리단체가 차지하는 지위는 아직 낮다. 미국에는, 각종 세금이 면제되고 기부자들에게도 세금우대 혜택을 주는 공공봉사형 비영리단체가 약 140만 개나 있고, 총 고용자에서 비영리단체 종사자 비율이 약 7퍼센트를 넘는다고 한다. 몇몇 비영리단체는 대기업에 견줄 만한 재력과 운영 능력, 인재를 갖추고 있으며 국내외에 큰 영향력을 행사하기도 한다. 미국의 푸드 뱅크를 보더라도 그것은 분명하다.

"일반 기업에서 '나는 매일 무엇을 위해 일하고 있나?' 하고 회의를 느낀 사람이 비영리단체로 전직하기도 하고, 비영리단체에서 일하던 사람이 '조금 더 벌어 볼까?' 하고 일반 기업으로 옮기기도 하죠(웃음). 비영리단체에서 일하는 것은 하나의 선택일 뿐 그렇게 특별한 일은 아닙니다."

나는 이런 이야기를 '피딩 아메리카' 사람들에게서 들었다.

그러나 일본에서는 아직도 비영리단체에서 일하는 것과 봉사 활동이 혼동되고 있으며, 비영리단체에서 일하는 것을 '단순한 취미의 연장'으로 인식하는 경향이 있다. '더러운 차림으로 좁은 방에서 애를 쓰는' 것으로 바라보기도 한다. 상황이 이렇다 보니 기업이나 행정당국이 대등한 파트너로 인정하는 비영리단체는 극소수이다.

전문 인력을 육성하기도 어렵다. '남을 위해, 사회를 위해 일하고 싶다'며 열심히 활동해 온 직원이 가정을 꾸리려고 다른 안정적인 직장을 찾아가거나 더 나은 삶을 위해 유학을 가면서 조직을 떠나기도 한다. 2HJ 경우도 어렵게 만난 우수하고 다정다감한 재원들이 고작 몇 년 일하다가 떠나가는 것을 여러 차례 겪었다. 모두 고심 끝에 내린 결정이고 그들의 장래를 생각하면 누구도 말리지 못한다.

미국 푸드 뱅크 직원들은 마케팅, 자금 조달 등 각각의 전문 분야에서 일하는데 반해 일본 푸드 뱅크 직원들은 적은 인원으로 모든 일을 감당해야만 한다. 닭이 먼저냐 계란이 먼저냐는 논쟁은 이곳에서도 일어난다. 직원과 자금이 부족해서 장기적인 전략을 세울 수 없고, 장기적인 전략이 없기 때문에 직원도 자금도 확보하지 못한다는 악순환은 비단 푸드 뱅크만이 아닌 일본의 많은 비영리단체에서 겪는 일이다.

중요한 일을 하는데도 그만큼 사회적인 평가를 받지 못하는 것은 비영리단체만의 문제는 아닐 것이다. 예를 들어 일본에서는 보수가 너무 낮아서 생활하기 어렵고 일에 보람도 느끼지 못하는 간병인들이 많다. '얼마나 수익을 올리느냐'에 따라 일이나 사람을 평가하는 분위기가 만연돼 있고, '타인에게 얼마나 많은 도움을 주느냐'는 계산되지 않으니 비영리 활동 자체를 한 단계 낮추어 보는 경향이 생길 수밖에 없는 것이다.

또한 일본 행정당국은 푸드 뱅크에 아직도 지원을 해 주지 않는다. 관청이 관여해야 그 단체에 대한 신뢰도가 높아지고 기업의 협력도 쉽게 얻을 수 있다는 이야기는 일본의 비영리단체 활동에서만 나타나는 특징일 것이다. 그러나 한편으로 행정이 관여하면 여러 제약이 생겨날 우려도 있다. 어려운 문제가 아닐 수 없다.

봉사와 위선

비영리단체 활동에서 봉사자 역할은 중요하다. 그런데 일본에서는 봉사자에 대한 인식이 아직은 세련되지 못하다.

일본에서 산 지 오래된 찰스가 지금까지도 이상하게 생각하는 것은 일본에는 "위선자가 되고 싶지 않아서 봉사를 하지 않는다"고 말하는 사람이 꽤 많다는 사실이다.

"미국에서 봉사는 꼭 해야만 하는 것이라는 부담이 있는데, 그 또한 그것대로 이상하다고 생각합니다. 미국의 주부들은 특히 심해요. 하지만 위선자가 되고 싶지 않다는 일본인들의 논리는 그 어떤 설명으로도 이해가 되지 않습니다."

일본 사회 안에 있는 이 독특한 '공기'는 분명 설명하기 어렵다. 얼마 전 잡지에 실린 한 좌담회 내용을 읽었는데, 스물다섯 살 여성의 말이 어쩐지 마음에 걸렸다.

"(초등학교 시절부터) 쓰레기를 줍기만 해도 '너는 정말 착한 아이로구나.' 하는 말을 들었습니다. 하지만 그 말 속에는 '너는 위선자야.' 라는 뉘앙스가 들어 있었죠. 그래서 튀지 않으려고 그저 웅크리고 지내면서 '빨리 어른이 되었으면' 하고 생각했어요." (〈포스트 세대입니다만, 왜요?ポスト世代ですが、何か？〉 《論座》 2008년 3월호)

가네코 이쿠요우金子郁容는 《자원봉사 또 하나의 정보사회ボランティア もうひとつの情報社会》(岩波新書, 1992)에서 다음처럼 말한다.

'자기희생이야말로 봉사 활동의 본질이라고 보는 폐쇄적이며 매력 없는 종래의 자원 봉사자에 대한 인식 때문에 '진심으로 활동하는 성인 같은 봉사자는 거의 없으니 봉사자들이 대부분 위선자가 아니겠느냐' 고 생각하는 사람이 있어도 이상한 일은 아니다.'

이런 측면이 있을지도 모른다. 하지만 전철 노약자석에서 눈앞에 노인이나 장애인이 서 있어도 자는 척하거나 모른 척하는 사람들을 보면 그것만은 아니라는 생각이 든다. '자기희생'의 의지가 있느냐 없느냐는 거창한 차원이 아니라 단지 귀찮아서, 창피해서, 튀고 싶지 않아서, '폼 잡고 있다'는 인상을 주고 싶지 않아서 다른 이를 위해 무엇인가를 하지 않는 것 같다.

이를테면 바로 앞에서 넘어진 사람을 달려가 일으켜 주면 '그 사람이 창피해 하지는 않을까' 싶어 보고도 못 본 척하는 사람도 있을 것이다. 전철에서 자리를 양보하는 경우에도 양보를 받는 사람이 노인 취급을 받았다고 언짢아 할까 봐 망설이는 사람도 있고, 설령 자리를 양보하더라도 그 사람이 어려워 할까 봐 다른 곳으로 이동하는 사람도 많다. 상대에 대한 이런 배려는 무척 중요하다. 그러나 너무 마음을 쓰는 바람에 몸이 바로 움직이지 않는 단점도 있다.

"일본 사람들은 봉사 활동도 우선 강습을 받고 자격을 갖춘 뒤에야 해야 한다고 생각하는 경향이 있습니다."

자원 봉사 연구가로 알려진 오사카 대학교 커뮤니케이션 디자인센터 아쓰미 도모히데渥美公秀 교수의 지적이다.

한 예로 '도쿄 장난감 미술관'에서 간단한 일을 도와줄 봉사자를 모집했는데 도무지 사람이 모이지 않았다. 고민하던 미술관 측은 여러 특별한 직함을 만들고 거기에 맞추어 유료 강좌를 열었다. 그러자 2백여 명이 등록했다고 한다(《닛케이유통신문》 2008년 4월 11일). 일본인은 어찌 이리도 고지식할까!

어쨌든 '좋은 일(혹은 당연하다고 생각되는 일조차)'을 하는데도 짐짓 방어적이거나 튀지 않도록 신경을 써야 하는 사회, '좋은 일' 하는 사람의 발목을 잡는 공기가 흐르는 사회에서는 푸드 뱅크와 같은 활동은 활성화되기 어렵다.

또한 봉사라고 하면 무상으로 하는 것이 당연한 미국에 반해 일본에서는 '적어도 교통비 정도는 주었으면' 하고 생각하는 사람이 많다(나 역시 그러했다). 그렇지 않으면 오래 활동하기 어려운 면이 있다. 아무런 보수 없이 안정적으로 봉사자를 확보하기란 간단한 일이 아니다.

2000년 《국민생활백서》를 보면 봉사 활동을 '취미의 인연으로 만난 사람들과 맺은 네트워크' '기본적으로는 자신이 좋아하는 일이며 사람들과 네트워크를 쌓아 가는 활동'이라고 전제한 후에 '즐겁게 봉사 활동을 하기 위한 유의점' 등을 설명하고 있다. 이처럼 일본에서 봉사 활동은 어디까지나 친구를 사귀려는 것이 목적이다. 따라서 부담 없이 즐겁게 참가하는 것이라는 의식이 강한 듯하다.

물론 이런 태도는 중요하고, 이것만으로도 충분한 단체도 많을 것이다. 그러나 빈곤을 비롯한 '무거운' 과제를 풀어 가야 하는 활동은 '부담 없이 즐겁게'라는 마음가짐만으로는 부족하다.

고베 대학 대학원 이나바 게이신稻場圭信 인간발달환경학연구과 조교수는 "일본은 배려에 격차가 있는 사회"라는 흥미로운 지적을 했다. 타인에 대한 배려심이 있는 사람과 그렇지 않은 사람 사이에 격차가 크다는 것이다. 경제적인 격차가 커질수록 부모는 점점 자기 자식만은 '패배 그룹'에 들지 않도록 하려고 노력할 것이고, '좋은 학원' '좋은 학교' '좋은 회사'에 들어가

기를 원할 것이다. 그 바람에 다양한 사람들과 접촉해야 할 자녀들을 좁은 세계로 더욱더 몰아넣는다. 그 결과 배려의 격차가 큰 사회가 될지도 모른다고 이나바 교수는 우려한다.

이렇게 볼 때 일본 사회에서 푸드 뱅크는 더더욱 필요한 활동이 아닐 수 없다. 그러나 푸드 뱅크가 일본에서 뿌리내리려면 몇 가지 해결해야 할 과제가 있다. 누가 어떻게 푸드 뱅크 활동을 이끌어 갈 것인지, 직원과 자금은 또 어떻게 확보할 것인지 등에 관해 진지하게 검토해야만 한다.

도움을 받는 사람들

"쓰나미가 고향 마을을 덮치는 꿈을 꾸었습니다. 지붕에 올라가 가족들과 구조되기를 기다리고 있는데 멀리서 차가 왔습니다. 자세히 보니 2HJ 차였습니다. '앗! 먹을 것이 왔다, 이젠 살았다!' 하며 모두 기뻐했습니다."

A씨가 웃으면서 말했다.

꿈에까지 나올 정도로 A씨에게 푸드 뱅크는 없어서는 안 될 존재다. 외국 국적을 가진 A씨는 일본인 남편에게서 상습적으로 폭행을 당하다 몇 년 전 세 아이를 데리고 가까스로 집을 빠져나왔다. 가진 것이라곤 교통비뿐이었다. 여성보호소에서 얼마간 숨어 지내다가 다행히 작은 아파트를 얻어 나왔다.

생활보호대상자가 되어 어떻게든 생활은 꾸려 갔지만, 한창 자라는 아이들을 마음껏 먹일 수는 없었다. 아이들은 언제나 배고픔에 지쳐 있었다.

"낭비하지 않는데도 먹을 것이 늘 부족해요. 2HJ에서 '물품'이 오지 않는다면… 생각만 해도 너무 두려워요."

물품은 여성보호소 알선으로 한 달에 두 번 2HJ에서 보내 주는 택배물을 말한다. 상자 안에는 빵과 채소, 과자, 통조림 등 식료품 15킬로그램 정도가 들어 있다. 수입회사에서 기부한 것이겠지만, 간혹 그리운 모국의 물품이 들어 있는 경우도 있다.

"상자가 도착하면 아이들이 신이 나서 열어 봅니다. 마치 산타크로스가 온 것 같은 느낌이랄까요. 고마운 마음에 어떤 음식이든 맛있게 먹습니다. 그런 음식들이 버려진 것이라니 믿기지 않습니다. 버릴 거면 모두 우리에게 주었으면 하고 늘 생각합니다."

2HJ의 벽과 천장은 각지의 시설에서 보내 온 '감사'의 인사로 가득하다.

2HJ는 '하비스트 팬트리 Harvest Pantry'라는 활동을 통해 A씨 같은 싱글맘과 이주노동자, 망명신청자 등 약 60가족에게 식료품을 보낸다. 지바 현 이치카와 시에 사는 봉사자는 코스트코에서 식료품을 받아다가 자신의 집에서 상자에 나누어 담은 뒤 약 40가족에게 보낸다. 이들은 모두 지원 단체 등을 통해 2HJ에 식료품 배급을 요청한 사람들이다.

 택배로 보내는 것은 원칙적으로 한 달에 두 번, 3개월 정도만 한다. 그러나 망명신청자들에게는 승인이 될 때까지 몇 년이라도 계속 보내 준다. 이들은 별다른 보장도 누릴 수 없는 데다 일하고 싶어도 일할 수 없는 처지이기 때문이다. 이들 중 어떤 이들은 때때로 비통한 목소리로 "빨리 먹을 것을 보내 달라"며 전화를 걸어 오기도 한다. 한 상자 보내는 데 드는 비용은 710엔(약 9000원). 일손도 많이 가는 탓에 2HJ로서는 이래저래 지출이 부담스럽지만 그들의 '생명 줄'을 끊을 수는 없다.

 월요일부터 금요일까지 2HJ 차는 돌아다니면서 각지의 시설에 식품을 전달한다. 그야말로 푸드 뱅크 본래의 활동이다.

 도쿄 산야 지구에서 노숙인들을 무료로 진료해 주는 일을 주로 해 온 비영리법인 '산유카이山友會'는 노숙인들에게 빵 등도 나누어 준다.

"2HJ 덕에 빵을 비롯해 먹을 것을 처음으로 나누어 주게 되었습니다. 무료 급식을 하려고 오후 2시 지나 스미다 강가로 가 보면, 한눈에도 아침부터 아무것도 못 먹었음을 알 수 있는 많은 사람이 기다리고 있습니다. 직장에서 정리해고라도 당한 걸까요. 요즘에는 새로운 얼굴도 늘었습니다. 그래서 이 일을 그만두거나 줄일 수 없는 겁니다."

이시즈카 도키오 사무국장 낯빛이 밝지만은 않다. 기부가 늘지 않아서 산유카이는 계속 적자로 운영되고 있기 때문이다. 2HJ가 식료품을 보내 주지 않으면 무료 배급이 어려운 상황이다.

행정당국의 지원이 없기는 여성과 아동을 위한 민간 보호소도 마찬가지다. 이런 곳들도 주로 회원들 기부금으로 운영된다.

"한 달에 두 번 2HJ에서 보내 주는 식료품 덕분에 식비를 수만 엔이라도 절약할 수 있어 큰 도움이 됩니다. 절감된 만큼 아기들 기저귀나 우유를 살 수 있으니까요."

보호소 직원은 2HJ 식료품이 입소자들에게도 정신적으로 큰 힘이 된다고 말을 이었다.

"이곳에 오는 여성들은 대부분 남편에게 폭행을 당하거나 생활을 엄격하게 통제받았던 사람들이에요. 먹을 것도 없고 스스로 무언가를 자유롭게 선택해 본 경험이 없습니다. 그런 그녀들이 무료로 음식을 제공받고, 식사 전에 '마음껏 드세요'라는 말을 듣는 것은 무엇보다 기쁜 일일 겁니다."

각지의 아동보육시설에서도 같은 이야기를 했다. 식비가 빠듯해 여기저기서 변통을 해야 하는 처지인데, 2HJ가 식료품을 보내 줘 식단이 다채롭고 풍성해졌으며, 주스나 간식을 마음껏 먹고 마실 수 있는 작은 사치도 누릴 수 있게 되었다는 것이다.

"누군가 우리에게 마음을 써 주고 있다는 사실, 그것이 무엇보다 소중하다고 생각해요. 그래서 아이들에게 늘 말합니다. '먹을 수 있어서 좋지? 따스한 마음이 생기지?' 라고요. '이 따뜻한 마음을 다른 사람들에게도 전해 줘야 해.' 하고 말합니다."

도쿄에 있는 한 아동보육시설 시설장의 말이다.
각 시설에 물어보니, 때로는 "원하는 식품을 얻을 수 없을 때"도 있다고 했다. 내가 배달하러 나가는 차에 동승하던 때도 과자는 많고 채소는 좀체 구할 수 없던 시기였다.

"죄송합니다. 오늘은 채소가 들어오지 않았어요."
"아니에요, 아니에요, 늘 폐를 끼치네요."
"이런 건 있는데 필요하세요?"
"네. 몇 상자 주시면 받을게요."

그런데도 보내는 쪽, 받는 쪽 모두 서로에게 "미안합니다" "감사합니다"를 연발하는 광경을 보노라면 각박한 세상에 환하게 등불이 켜지는 듯하다. 또 한편으로 '이렇게 약자들은 서로 힘을 모으고 서로를 지탱하는데, 돈이나 힘 있는 사람들은 대체 어디에서 무얼 하고 있나!' 하는 생각도 든다.
한편, 아동보육시설 시설장에게서 이런 이야기도 들었다.

"도움을 받고 싶다고 좀 더 솔직하게 표현해도 좋으련만, 일본 사람들은 그런 말을 잘 못해요."

분명히 경제적으로 어려운데도 먹을 것을 보내 주려고 하면 "우리는 그렇게까지 어렵지 않아요!" 하며 완강하게 거부하는 사람도 있다는 것이다.

"업신여김을 당하고 싶지 않다고 생각하는 걸까요. 식료품 받는 걸 꺼리는 사람이 많은 것 같습니다."

일본에서만 있을 수 있는 문제인가 싶었는데, 미국 미시간 주에 있는 푸드 뱅크가 발행한 매뉴얼에도 다음과 같은 글이 실려 있다.

미국에서 식료품 원조를 요구한다는 것은 대부분 사람들에게 상상할 수 있는 가장 굴욕적인 경험일 것이다. 생활이 궁핍한 사람이 팬트리 문을 두드릴 때는 공포와 실의의 저 바닥으로 떨어지는 가장 굴욕적인 순간이다.

푸드 뱅크 역사가 40년이 넘은 미국에서 그리고 '권리' 의식이 높은 미국인들도 이러하다.

'남아도는 음식을 어려운 사람에게.' 푸드 뱅크 이념은 아주 간단하다. 그러나 남은 것이니까, 어려운 사람이니까 전해 주기만 하면 되는 것이 아니다. 먹을 것을 받는 것은 결코 부끄러운 일이 아니다. 그러나 실제로 그것을 받는 사람들이 어떤 생각을 하는지 끊임없이 상상력을 발휘할 필요가 있다.

어디에서 선을 그을 것인가

2007년부터 2008년 사이 언론에서 2HJ 활동을 자주 다루면서 생각지도 않은 반향이 일었다.

"생활이 어렵습니다. 저희에게도 먹을 것을 보내 주시면 안 될까요?"

개인들이 사무실로 원조를 요청해 온 것이다. 앞에서도 말했듯이 하비스트 팬트리는 어디까지나 식료품이 긴급한 사람들을 돕는다. 대상자 선정은 난민지원단체나 여성보호소 등 단체의 요청이나 소개에 바탕을 둔다. 그렇지 않으면 그 사람이 어떤 사람인지 알 수 없을뿐더러, 지원 단체의 관리를 받지 않는 개인의 경우는 긴급한 식료품 원조를 보내는 3개월이라는 기간이 지난 후에도 상황이 아무것도 변하지 않는 경우가 많다. 그러면 그 사람은 언제까지나 '긴급'한 원조에 의존할 수밖에 없다. 이런 이유로 '개인에게는 보내지 않는다'는 원칙을 세우고 지켜왔던 것이다.

2HJ는 '모든 사람에게 먹을 것을'이라는 슬로건을 내걸고 있다. 가능한 한 많은 사람에게 음식을 보내고 싶다는 의지를 표

명한 것이다. 전화로 도움을 요청하는 사람들 중에는 중병을 앓아서 일하고 싶어도 일할 수 없는 사람, 한창 자랄 나이의 자녀를 둔 싱글맘도 있다. 저마다 안타까운 사연을 안고 있고, 분명 어려움에 처해 있다.

그러나 하비스트 팬트리는 말하자면 '구급차'다. 생명이 위독한 환자를 먼저 구해야만 한다.

"보내는 수량에는 아무래도 한계가 있죠. 어렵다고 사정해도 모든 사람에게 보내 줄 수는 없습니다."

직원들은 괴로운 마음을 털어놓는다.
여전히 2HJ는 시설이나 단체를 통해 지원한다는 원칙을 지킨다. 그러나 시설이나 단체 어디에도 속하지 않는 정말 어려운 고립된 개인이 있다면 어떻게 해야 할까.
아니 잠깐, 그들을 돕는 것은 본래 국가의 일이 아니던가. 그런데 실제로는 행정당국의 지원 명단에서 누락된 사람이 너무도 많다. 사회적 안전망에서 벗어난 사람들은 대체 누가 받아 주어야 할까. 생각할수록 한숨만 나온다.
미국에는 각 지역의 교회 등에 팬트리가 있다. 이곳이 굶주린 사람들의 '식량 창고' 역할을 한다. 푸드 뱅크에서도 이 팬트리에 식료품을 가장 많이 보낸다. 일본에도 미국의 팬트리와 같은 거점을 만들어야 한다. 그렇게 하면 시설이나 단체에 속하지 않은 배고픈 사람들이 먹을 것을 받아 갈 수 있다.

2HJ는 2007년 가을부터 교회와 절에 협조를 구하기 시작했다. 통조림이나 건면 등 오래 보관할 수 있는 식료품을 맡아 두었다가 긴급히 원조를 요청하는 사람이 찾아오면 전해 달라는 시도였다. 그러나 응답해 준 곳은 교회 몇 군데뿐이었다. 각지에 팬트리를 만들자는 계획은 좀처럼 진전되지 않고 있다.

2008년 새해 벽두부터 중국산 냉동만두 식중독 사건이 터졌다. 그 바람에 문제가 된 중국 만두 제조사와 거래했던 수입상사가 산처럼 쌓인 재고 처리 문제로 고심하고 있다는 신문 기사를 나도 읽은 적이 있다. 만두 사건 때문에 아무 관련 없는 다른 중국산 식품도 덩달아 팔리지 않았던 것이다.

'중국산'이라는 이유만으로 더는 팔리지 않고 반품된 많은 식품. 2HJ는 우선 복숭아 통조림 8톤을 인수하기로 결정했다. 회사가 내용물의 안전을 보증하는 한 푸드 뱅크가 인수하는 다른 식품과 조금도 다르지 않으리라는 것이 2HJ의 입장이다. 이에 대해 일반 소비자가 먹기 싫어하는 것, 그래서 팔다 남은 것을 가난한 사람들에게 마구 떠넘겨도 되느냐는 부정적인 목소리도 있을지 모르겠다. 그러나 약자를 이용하는 것처럼 비친다면 그것은 기업과 2HJ의 원래 의도가 아니다.

'특정 식품'을 기부받았을 때 2HJ는 그 이유를 그 식품을 받는 측에 모두 알려 준다. 중국산 식품을 받아 오해를 산 이후에는 더 자세히 설명하기로 했다. 물론 받는 쪽이 '필요 없다'고 거절하면 그 이상은 설명하지 않는다.

어떤 이유로든 2HJ 창고에 식료품이 남아 폐기해야 한다면 그 비용은 2HJ가 고스란히 부담하는 수밖에 없다. 결과적으로 연간 몇 퍼센트는 2HJ가 기업의 폐기 비용을 뒤집어쓰는 셈이다.

푸드 뱅크의 주요 활동 중 하나는 '아깝게 버려지는' 식료품을 줄이는 것이다. 일본의 경우는 특히 그러하다. 그러나 '아까움'이 우선시되어 약자의 처지나 마음이 뒤로 밀려나서는 곤란하다. 이런 이유로 악성 루머로 피해를 입은 중국산 식품 중 받는 측이 강하게 거부했던 만두 등은 2HJ도 인수하지 않았다. 이처럼 어느 상황에서는 분명히 선을 그어야 한다. 이것이 푸드 뱅크 활동의 딜레마이다.

이런 일도 있었다. 어느 금요일이었다. 2HJ 사무실은 토요일 무료 급식 준비로 분주했다. 그곳에 매주 봉사자로 찾아오는 중년 남성이 있었다. 그는 조리사와 영양사 자격증이 있었는데, 감자 샐러드에 들어갈 마요네즈도 직접 만들고, 된장국 끓일 때는 마른 멸치와 가다랑어포를 갈아 만든 육수를 집에서 일부러 가져오기도 했다.

"국물이 다르니까 맛있어요. 노숙인이나 가난한 사람이라고 해서 음식을 대강 만들어 주면 안 되죠. 같은 인간이니까요. 레스토랑에서 요리할 때와 같은 마음으로 만들어야 해요."

그래서인지 그가 끓인 된장국에서는 감칠맛이 돌았다. 먹는 사람들 입에서 "맛있다!"는 감탄사를 듣는 것, 그것은 지난날 식당을 운영하던 한 남자의 자존심이자 기쁨이었다. 그러나 그는 그런 음식을 만들려고 자신의 지갑에서 돈을 덜어 냈다. 매달 1만 엔 정도를 재료 사는 데 썼다. 그러다 보니 계속 봉사하기가 어려워졌다. '2HJ가 조금만이라도 부담해 주었으면 좋겠다'고 생각하는 그와 '비싼 재료를 사야 하는 활동은 오래 지속될 수 없고, 그것은 푸드 뱅크 본래 의도도 아니다'고 생각하는 직원들 사이에 의견 차이가 생겼다. 얼마 후 다른 문제들도 겹치면서 그는 푸드 뱅크를 떠났다.

무료로 받은 음식을 무료로 나누어 주는 것이 푸드 뱅크이다. 노동력과 자금은 한정되어 있다. 도와줄 사람의 범위를 어디까지 확대해야 할까, 어느 선까지 도와줘야 할까. 직원들은 날마다 어느 지점에서 선을 그어야만 하는 어려운 문제와 마주하고 있다.

새로운 바람

특정비영리활동촉진법(통칭 NPO법)이 만들어진 지 10년째인 2008년 3월, 일본 NPO학회가 주최한 〈NPO 회고―10년을 돌아보다〉라는 제목의 공개 심포지엄이 도쿄에서 열렸다. 토론자로 고마자키 히로키駒崎弘樹라는 스물여덟 살 청년이 참석했다. 그는 대학 재학 때 IT 벤처 회사 사장 자리에 올라 성공 가도를 달리던 화려한 경력의 소유자였다. 그러던 어느 날 문득 '무엇을 위해 이 일을 하고 있지? 내가 정말 원하는 것이 뭐지?' 하고 자신에게 묻게 되었다. 그리고 자신이 사회에 도움을 주고 사회를 변화시키고 싶어 한다는 사실을 깨달았다.

사회는 바꾸고 싶지만 정치가나 관료는 되고 싶지 않았다. 비영리단체? 하지만 비영리단체에서는 아무리 열심히 일해도 '먹고살 수 없다'는 생각이 들었다. 그러다 우연히 미국 비영리단체 웹사이트를 보고는 충격을 받았다. 자신의 회사 사이트보다 근사했을 뿐만 아니라, 그런 단체에 CEO와 마케팅 디렉터까지 있었기 때문이다. 미국, 유럽에서는 비영리 활동이 멋지게 사업으로 성립하여 '운동을 통해 사회 문제를 해결' 하던 것에서 '사업을 통해 사회 문제를 해결' 하는 차원으로 전환하고 있음을 알게 되었다. '이거다! 이거라면 벤처 기업을 운영해 온 나도 할 수 있을 것 같다!' 고마자키는 무릎을 쳤다.

지금 고마자키는 병에 걸린 아이들을 맡아 양성하는 비영리 법인 '플로렌스'의 대표이사를 맡고 있다. 베이비시터인 어머니가 들려준 이야기에서 힌트를 얻어 시작한 사업이다. 그가 제시한, 병든 아이들을 위한 보육 사업 계획은 정책화되어 전국으로 확산되었다. 이 공로로 그는 2007년《뉴스위크》일본판에서 '세계를 바꾼 사회기업가 100인'으로 선정되었다.

고마자키는 자신의 책《'사회를 바꾸는 일'을 직업으로 삼다'社會を変え変る'を仕事にする》(英治出版, 2007)에서 다음과 같이 말한다.

정치가나 관료만이 세상을 바꾸는 것이 아니다. '깨달은 개인'이 사업을 일으키고 사회 문제를 해결할 수 있는 시대가 되었다. (…) '사회를 바꾸는 일'을 직업으로 삼을 수 있는 시대를 우리는 맞이했다.

마치 찰스가 말할 법한 것을 일본의 한 젊은이가 줄줄 읊고 있다. 고마자키는 기존의 가치관이나 모델에 얽매이지 않으면서 사업을 이끌어 가고 있고, 이로 인해 일본 비영리단체들도 새 바람을 맞이하고 있다.

식품 영업사원에서 푸드 뱅커로

정말 일본 푸드 뱅크에도 새 바람이 불어오기 시작했다. 2HJ 직원인 하이지마 카즈마사는 이전에 식품회사 영업사원이었다.

"어릴 적부터 집에 맛있는 참치만큼은 가득했어요."

직업을 이색적으로 바꾼 하이지마는 요즘 흔히 말하는 '웰빙' 가정에서 건강하게 자랐다. 아버지는 도쿄 쓰키지 어시장에서 참치 중개업자로만 40년을 살았다. 그는 종종, 흠집이 나서 상품 가치가 없어진 참치들을 집으로 가져왔다. 문제 있는 부분을 제거하고 조금 오래된 것은 굽거나 하면 맛있는 반찬이 되었다. 꽤 상태가 괜찮은 것을 많이 가져온 날에는 "이건 옆집 할머니께" "이건 건넛집 아주머니께" 하며 어린 하이지마 손에 들려 이웃들에게 나누어 주었다. '어라? 다른 집에 주는 게 우리 집 것보다 더 좋잖아?' 하며 속상해 한 적도 있지만, 하이지마 집에서는 '맛있는 음식을 함께 나누는 일'이 아주 자연스러운 것이었다. "드세요." 하고 참치를 건네면 어느 집에서든 반겼다. 푸드 뱅크의 원형이라 할 만한 활동이 도쿄 변두리에서 이루어지고 있었던 셈이다.

학생 시절은 레스토랑에서 하루하루 열심히 아르바이트를 하면서 보냈다. 젊은이들이 좋아하는 도쿄 오다이바에 자리한 퓨전레스토랑에서 2년 남짓 일류 요리사 밑에 들어가 바닥부터 일을 배웠다.

"오후에는 저희들만의 식탁을 차립니다. 손님들에게는 내놓지 못하는 고기나 생선의 서덜 등 남은 재료들을 가지고 요리를 하면 나름대로 놀라우리만치 맛있는 요리가 완성됩니다. 푹 삶아 놓은 무 조각은 볶음 요리나 된장국 재료로 쓰고, 손님상에는 올리지 못하는 녹황색 채소도 질긴 줄기만 모아 놓으면 아삭아삭한 샐러드가 되지요."

하이지마는 음식을 낭비하지 않는 지혜를 아버지와 요리사에게서 배웠다.

대학 졸업 후 식품회사에 취직했다. 수산물을 전문으로 취급하는 곳이었다. 고등어와 오징어, 연어 등을 구매해 가공한 후 할인점과 편의점 등에 판매했다. 하이지마는 영업사원으로 일했다. 그런데 상품을 너무 많이 만들거나 한 박스에서 하나만 샘플용으로 사용해 나머지가 남게 되는 경우가 종종 있었다. 그런 것들은 충분히 먹을 수 있는데도 남은 물건이기 때문에 혹은 기한이 얼마 남지 않아서 폐기해야 했다. 그런 광경을 볼 때마다 하이지마는 마음이 쓰렸다.

그러나 그런 마음이 오래가지는 않았다. 얼마 후 '음식'은 '물건'이 되었고, 더 나아가 몇백 엔, 몇 박스, 몇 톤과 같은 단순한 '숫자'로만 인식되었다. 음식을 다루는 감각도 점점 무디어졌다. 먼 지역의 가게에서 "박스가 찌그러졌어요. 반품하고 싶은데요." 하고 전화를 걸어 오면 "그쪽에서 알아서 처리하세요."라며 망설이지 않고 대답했다. 먼 곳까지 내려가서 아직 먹을 수 있네 없네 하며 일일이 설명하느니, 다른 곳에서 영업 수익을 올리는 편이 회사에나 자신에게도 이득이라고 생각했기 때문이다. 유통의 커다란 흐름 속에서 '폐기는 어쩔 수 없다'고 생각하지 않으면 일을 진행할 수 없었다.

하이지마는 처음부터 5년 정도 일한 뒤 회사를 그만둘 생각이었다. 다른 여러 다양한 세계를 보고 싶어서였다. '이쯤에서 한 번 매듭을 짓자.' 그는 4년 반 만에 정말 회사를 그만두고 미야자키 현에 있는 지인의 농장에서 5개월간 연수를 받았다. 일본의 저조한 식량 자급률과 일차 산업의 척박한 현실에 대해서는 이전부터 알고 있었다.

하이지마는 채소 소믈리에 자격증을 따서 채소 관련 업종에서 일해야겠다고 마음먹었다. 그러자면 먼저 조금이라도 현장을 알아야 한다고 생각했다. 도쿄의 사무실에서 말끔히 차려입고 앉아 적잖은 월급을 받으며 살아온 사람이 현장의 고충은 모르면서 잘난 척한다는 인상을 주고 싶지 않아서였다.

아침 7시부터 해 저물 때까지 흙투성이가 되어 시금치도 뜯고 무도 뽑았다. 일주일 사이에 체중이 2킬로그램씩 줄어드는 중노동이었다. 농사짓는 데 이렇게 많은 시간과 공이 들어가다니, 기껏 재배한 무 하나 값이 고작 이 정도라니. 하이지마는 연일 놀랐다.

몇 개월을 공들여 기른 작물들이 눈이나 태풍 때문에 한순간에 못 쓰게 되는 일도 허다했다. 농사의 세계는 생각했던 것보다 훨씬 힘겨웠다.

"농사는 힘들다"고 말하지만, 밭을 알지 못하는 도시 소비자들은 모양이 굽은 무를 사려고 들지 않는다. '장난이 아니구나.' 하이지마는 놀랐다. 2007년 봄, 도쿄로 돌아온 하이지마는 현장에서 얻은 '수확'을 어떻게 활용할 수 있을지 골몰했다.

때마침 2HJ가 직원을 모집하고 있었다. 미국 푸드 뱅크를 소개한 TV 프로그램을 본 이후 줄곧 궁금해 하던 활동이었다. 생명이 있는 음식에 대해 감사하는 마음과 그 음식을 소중히 여기고 낭비하지 않는 마음 그리고 음식을 만드는 사람의 마음. 이런 마음을 조금이라도 많은 사람에게 전하고 싶었다. 식품회사의 영업사원은 이렇게 해서 푸드 뱅커가 되었다.

처음에는 레스토랑에서 아르바이트를 계속하면서 일주일에 삼사 일 2HJ에서 일하다가 2008년 3월부터 풀타임 직원으로 일하게 되었다. 그는 코스트코에서 냉동, 냉장식품 등을 받아다가 산야 지구의 여러 단체와 수도권의 아동보육시설, 교회 등에 나누어 주는 일을 하고 있다.

"음식을 기부하는 기업들도, 그것을 받는 시설 사람들도 모두 '고맙습니다' 라고 말합니다. 이런 좋은 직업이 어디 있겠습니까?"

하이지마는 이런 자신의 일을 주변 사람들에게 알리는 것 역시 중요하다고 생각한다. 남들에게 자칫하면 '위선자'로 보일까 봐 친구에게도 자신의 일을 말하지 않는 지인들도 있지만 하이지마는 "저는 계속 이야기하고 다녀요." 하며 웃는다.

"푸드 뱅크 시스템과 내가 현장에서 보아 온 아동보육시설, 난민들 생활 모습 등을 가능한 한 친구들이나 주위 사람들에게 전하고 싶어서죠. 전해 주지 않으면 아무것도 변하지 않을 테니까요. 나 한 사람만 깨달은들 무슨 소용이 있겠습니까. 그

깨달음을 다른 사람들에게 전해 줘야 한 사람이든 두 사람이든 마음이 움직여 나와 줄 게 아니겠어요?"

하이지마는 열정적으로 계속 말을 이어 갔다. 그렇다고 사람들이 꼭 푸드 뱅크와 관계를 맺어야 한다고 생각하는 것은 아니다.

"저로서는 2HJ가 가장 이해하기 쉬웠을 뿐 참가 방법은 사람마다 다르죠. 무엇이든 좋습니다. 그로 인해서 가까운 사람에게 다정한 마음이라든지 배려심이 조금이라도 생길 수 있다면 좋은 일이죠."

2007년 크리스마스. 하이지마는 산타클로스로 분장하고 사슴 복장을 한 동료 직원 아키모토 겐지와, 아동보호시설과 난치병어린이지원시설 등 13곳을 돌았다. 하겐다즈 저팬에서 기부한 아이스크림을 나누어 주기 위해서였다. 아이스크림은 약 860개였다. 평소 같으면 도저히 살 수 없는 양이었다. 아이들은 생각지도 못한 크리스마스 선물에 신이 나서 쾌활한 산타 할아버지와 기념사진을 찍었다.

"'그 아이스크림 참 맛있었지. 모두 같이 먹으니까 즐거웠어.' 하는 생각을 두고두고 할 수 있다는 게 행복이지요. 음식에는 그런 힘이 있어요."

어릴 적 맛있는 음식을 먹던 추억, 아파트 단지를 돌며 반찬을 나눌 때 '고맙다'는 말을 들었던 기쁨 그리고 기뻐하는 이웃들의 얼굴과 마주할 때 전해지는 행복. 하이지마는 자신의 일을 통해 지금도 그런 기분을 맛보고 있다.

밭에서 시작된 두 번째 수확

풍작으로 가격이 폭락한 양배추와 배추를 트랙터가 짓뭉개며 지나간다. 이런 영상을 TV 뉴스에서 보면서 자기도 모르게 "아이고 아까워라" 한 적이 한 번쯤은 있을 것이다. 시간과 공을 들여 그것을 만든 농가 사람들의 노고와 마음을 생각하면 도저히 참을 수 없는 광경이다.

많은 사람이 그렇게 생각했음이 분명하다. 2007년 2월, 농림수산성은 '채소의 긴급 수급 조정 방법에 관한 검토위원회'를 설치했다. 그리고 생산자와 유통업자, 소비자 단체 등의 대표들과 함께 채소의 '산지 폐기'를 재검토하기로 협의했다.

농림수산성에 따르면, 양배추·양파·무·배추·당근·양상추는 날씨 영향을 많이 받아서 작황이나 가격 변동이 크다. 유통량도 많아 소비자들 심리를 안정시키자면, 이것들의 가격과 공급 안정을 꾀하는 일은 무엇보다 중요하다. 그래서 가격이 하락할 경우에는 출하를 늦추거나 가공용으로 판매하거나 산지에서 폐기하는 등의 '긴급 수급 조정 대책'을 실시한다. 2004년도에는 양배추와 양상추 1만 5백 톤을 폐기하기도 했다.

'채소의 긴급 수급 조정 방법에 관한 검토위원회' 보고서를 보면, 이 위원회가 설립된 배경에도 폐기되는 농작물에 대한 '아까움'이 있다.

소비자들은 먹을 수 있는 채소를 버리는 게 '아깝다'고 한목소리로 비판하고, 생산자들 역시 열심히 땀 흘려 수확기까지 길러 놓은 것을 출하하지 못해 '아깝다'며 한목소리를 낸다.

그러나 위원회는 세 번이나 거듭 모였어도 뾰족한 대책을 내놓지 못했다. 《요미우리신문》(2007년 3월 23일)은 '효과적인 대책은 마련되지 못하고 농작물의 수요 확대로 폐기량을 줄이자는 개선책만 제시하는 데 그쳤다'고 비판했다. 보고서가 나오던 날

검토위원회는 〈국민 여러분께〉라는 제목의 호소문을 냈다.

'아까움'을 해소하려면 국가, 생산자 단체 그리고 채소 산지의 노력은 물론이고, 국민 여러분께서도 채소를 많이 이용해 주셔야 합니다. (…) 국민들에게 채소를 안정적으로 계속 공급하려면 생산자에게도 일정한 소득이 있어야 하기 때문에 판매 가격을 낮추는 데는 한계가 있습니다. 이런 이유로 채소를 안정적으로 공급하려면 산지 폐기를 할 수밖에 없는 경우도 있음을 이해해 주시기 바랍니다.

우선 위원회에서는 채소를 더 많이 소비해야 한다고 강조했다. 이해 5월에는 넘쳐 나는 채소를 효과적으로 활용하기 위해 '채소 수급 조정 협의회'가 만들어졌다. 겨울에 농림수산성은 협의회 의견에 따라 '난방을 적당히 하고 전골 요리로 (집 안을) 따뜻하게'라는 캠페인을 벌였다. 가을, 겨울에 채소를 더 많이 먹도록 독려하는 한편, 폭등하는 원유 값에 대응해 이산화탄소 배출량을 줄이는 데도 일조하자는 의도였다.

농림수산성은 캠페인 구호가 적힌 깃발 3천 개를 만들어 소매점 등에 배포했다. 깃발을 보고 많은 사람이 '그래, 전골을 먹자!'고 생각하면, 채소 소비량이 늘고 아울러 폐기량도 줄어들리라고 기대한 것이다. 참으로 관공서다운 발상이 아닐 수 없다.

그뿐 아니라 농림수산성은 채소의 과잉 공급이 우려될 경우, 남아도는 채소를 인수해 새롭게 용도를 개발할 기업을 공모하기도 했다. 그러나《아사히신문》(2008년 2월 16일)에 따르면 이 시도는 별 효과를 보지 못했다.

"너무 많이 재배하여 가격이 폭락한 채소를 폐기 처분하지 않고 식품가공회사 등에 싼값에 판매하는 제도가 금년부터 시작되었다. 규슈의 한 생산지가 전국에서 처음으로 희망 기업을 모집하였으나 대부분 매입자가 나서지 않아 신제도 제1호는 실패로 끝났다."

기사에 따르면, 기금에서 지원하는 보조금에서 판매 대금이 차감되기 때문에 농가 수입은 폐기한 경우와 다르지 않다. 그러다 보니 "팔아넘기는 것이 썩 내키지 않다"는 농부의 목소리도 있고, 배추와 무 총 1730톤에 희망을 걸었지만 약 1400톤이 남아 종래대로 폐기된 일도 있다.

"아까움"은 여전히 계속되고 있었다.

농림수산성이 채소의 산지 폐기를 대신할 아이디어를 공모했을 때 2HJ에서 푸드 뱅크의 가능성을 제시했다. 그러나 구체적으로 검토되지는 않은 듯하다. 먼 지방의 밭에서 채소가 대량으로 남아돈다고 해도 수송비나 노동력을 생각하면 푸드 뱅크로서도 선뜻 엄두가 나지 않는 일이다. 2HJ 역시 이런 점을 감안하고 낸 제안이었으나 "그러면 어떻게 실현할 것인가?" 하는 논의도 이루어지지 않은 채 제안은 사라져 버렸다.

"큰 무 찾기 시합은 이제 끝! 다음은 작은 무를 찾으세요!"
"이것 봐! 내가 찾은 무야. 재밌게 생겼지?"

2008년 3월, 사이타마 현 후카야 시의 한 무 밭에서 어린이들의 활기찬 목소리가 울려 퍼졌다. 도쿄와 사이타마 현 내의 아동보육시설과 모자보호시설에서 생활하는 어린이와 어른 약 40명이 2HJ의 제안으로 함께 모였다. 이들은 수확 시기를 놓치고 방치되어 있던 무를 땅에서 차례차례 뽑아내었다.

밭은 농업생산법인 '이바라키 배추재배조합' 소유지다. 무를 담당하는 가라사와 슈唐澤秀는 겨울 추위가 빨리 닥쳐와서 주력 작물인 배추와 무의 수확 시기가 겹치는 바람에 무를 뽑는 일손이 부족해졌다고 설명했다.

"농작물이란 그런 거예요. 어차피 몇 퍼센트는 손해를 보게 마

수확 시기를 넘긴 튼실한 무들이 길게 줄지어 있다.

런이죠. 더욱이 지금까지 수확이 늦어진 무는 바람이 들었기 십상입니다. 가공회사나 마트 입장이라면 맛이 똑같더라도 모양이나 상태가 나쁘거나 보기에 안 좋으면 사지 않을 거예요."

'최고의 무'로 손꼽히는 이 조합의 오리지널 품종은 매운맛이 적고 삶아도 단시간에 맛이 배어드는 게 특징이다. 서리를 맞아 윗부분이 거무스름해진 무가 반품되어 그것을 2HJ가 인수한 적이 있었다. 썩은 것이 아니어서 아랫부분은 맛있게 먹을 수 있었다. 무를 받은 모든 시설에서 호평을 했다.

"무가 밭에 많이 남아 있습니다. 괜찮으시면 모두 함께 뽑으러 가지 않으시겠습니까?"

가라사와의 제안으로 2HJ의 하이지마가 "재밌겠는데요. 갑시다!" 하고 호응해 이번의 '무 뽑기'가 실현된 것이다.

무를 뽑은 후 밭에 돗자리를 깔고 큰 냄비에 푹 끓여 낸 닭고기와 야채수프를 모두 함께 먹었다. 겨울인데도 셔츠 한 장만 걸치고 일했던 4학년 남자아이는 꽤 배가 고팠던 모양이었다. 주먹밥 여섯 개를 게 눈 감추듯 먹어 치웠다. "엄마한테 드려야지" 하며 작은 무를 꼭 쥐고 돌아다니는 아이도 있었다.

이날은 잘생긴 무를 약 170상자, 2톤 정도 뽑았다. 함께 무를 뽑은 시설에서는 필요한 만큼 가지고 돌아갔고, 나머지는 2HJ에서 여러 시설에 나누어 주었다. 말 그대로 '산지 직송'된 신선한 무를 대량으로 받은 시설 사람들은 매우 기뻐했다.

"뭉개 버리려고 했던 무입니다. 뽑아서 상자에 담는 데에도 손이 필요하기 때문에 와서 뽑아 가 주면 오히려 고마운 일입니다."

가라사와는 도리어 고마움을 표했다.
그러나 이것은 전국적으로 폐기되는 농작물 몇만 톤 가운데 고작 몇 톤에 관한 이야기이다. 이러한 작은 물방울이 모여 얼마 후 커다란 물줄기가 될지도 모른다. 아이들의 웃는 얼굴을 보노라면 이 '수확'의 무게를 결코 숫자로만 가늠할 수 없다는 생각이 든다.
삼십대. 에너지 넘치는 가라사와는 더 먼 곳을 내다보고 있었다.

"남으면 가져가라는 논리는 좋습니다. 그런데 바꾸어 생각해 보면, 남지 않으면 주지 않겠다는 논리도 되는 거잖아요. 그런 생각을 하면 조금 쓸쓸해집니다. 이 정도의 밭이 있으면 엄청난 양을 생산해 낼 수 있습니다. 그러니까 밭에 씨를 뿌리거나 잡초 뽑는 일부터 함께하고, 그렇게 수확한 것을 참가한 사람들이 자유롭게 먹고 나누면 됩니다. '협동' 해 나가는 것이 무엇보다 중요하다고 생각합니다.
(…) 농가 역시 채소를 뭉개고 싶어서 뭉개는 게 아닙니다. 지금까지는 이러한 발상도 네트워크도 없었을 뿐입니다. 이삼십 대 농업인 가운데는 이런 일을 하고 싶어 하는 사람이 사실 많습니다. (…) 우선은 사례를 만들고 조직을 정비해야 합니다. 역시 누군가가 하지 않으면 시작할 수 없으니까요."

하이지마도 생각이 비슷하다.

"참가자들에게 소감을 물으니, '흙을 만질 기회가 별로 없었는데 모처럼 즐거웠다' '푸드 뱅크 활동으로 농작물을 살릴 수 있었다는 데 의의를 느낀다' 는 의견이 많았습니다. 채소는 오래 보관할 수 없기 때문에 앞으로는 지역마다 이런 이벤트를 개최했으면 좋겠습니다."

기업과 시설을 연결해 온 푸드 뱅크가 이제 생산지에도 연대의 손을 내밀기 시작한 것이다. 왠지 흥미로운 일이 벌어질 것 같다.

미국 푸드 뱅크에서는 '이삭 줍기(Gleaning)'라는 활동을 펼치고 있다. 애리조나와 플로리다 푸드 뱅크에서는 매년 1월부터 4월에 걸쳐 '감귤 청소 캠페인(citrus cleaning campaign)'을 벌인다. 레몬이나 오렌지, 포도 등의 농장 주인에게 남은 과일을 푸드 뱅크에 기부하도록 제안하는 한편, 자신이 다 수확하지 못할 경우에는 수확을 도울 봉사자 그룹도 소개해 준다.

오클라호마 푸드 뱅크에서는 가라사와가 말한 것과 비슷한 활동이 이미 시작되었다. 푸드 뱅크가 소유한 밭이나 가정의 채소밭 등을 봉사자들이 경작하고 거기서 수확한 것을 푸드 뱅크에 기부하고 있다.

기부하는 기업의 새로운 시도

대기입 냉동식품회사인 니치레이 푸드에서 '파손품'으로 취급하는 상품 박스들을 보았다. 골판지로 된 박스가 아주 조금 눌려 있었다. 해외에서 화물선으로 수송하는 과정에서 생긴 것인데, 아래쪽에 있으면 위 물건의 압력이나 배의 흔들림 때문에 그렇게 되기 일쑤라고 한다.

"박스의 문제일 뿐 안에는 전혀 영향을 끼치지 않습니다. 오히려 내용물은 유통되고 있는 것보다 더 신선할 정도입니다."

식품물류 부장 기무라 준木村順의 설명이다.
박스에 구멍이 나 있는 상품은 이 회사에서도 주저 없이 폐기한다. 약간 파인 자국만 있어도 인수를 안 하려는 터라 그럴 수밖에 없었다. 그렇게 버려지는 상품이 매달 2천 개 정도. "아무리 조심히 다루어도 생길 수밖에 없는 몇 퍼센트의 폐기품"이었다. 그래서 이 회사는 이 상품들을 '다시 사용할 수 있는' 획기적인 방법을 오랫동안 찾았다.

"푸드 뱅크를 이용해 보는 게 어떨까요?"

기무라의 전임자인 가네코 요시후미金子義史가 푸드 뱅크를 제안한 것은 2005년이었다. 가네코는 미국 시애틀에 주재했던 경험이 있어서 푸드 뱅크 활동을 잘 알고 있었다.

"일본에서도 이런 활동이 없는지 조사해 보세요."

물류개발팀에 소속된 하세가와 다카유키長谷川孝行가 조사를 시작해 2HJ를 알게 된 것이다.

"2HJ에 정말 도움이 될 수 있을지 없을지 처음에는 자신이 없었어요. 푸드 뱅크가 원하는 것은 쌀이지 우리 회사가 취급하는 수입 채소는 아니리라 생각했던 거죠."

하세가와는 계속 말을 이었다.

"하지만 찰스 씨와 이야기해 보고는 우리 회사의 냉동 채소가 환영받는다는 사실을 알았어요. 영양 상태가 좋지 않은 사람들은 흔히 비타민이 부족하다고 하더군요."

이후 니치레이는 2HJ에 샘플을 보내 어떤 상품이 도움이 되고 어떤 상품이 사용하기 곤란한지 알게 되었다. 처음에는 2HJ에서 식품을 가지러 왔기 때문에 니치레이 측은 부담이 거의 없었다. 그래서 쉽게 한 걸음을 내딛을 수 있었다고 한다.

2007년 2월, 니치레이는 또 한 걸음 앞으로 나아갔다. 그룹의 물류회사도 활동에 참여하게 된 것이다.

니치레이 냉동식품은 매일 아침 지바 현 후나바시 시내를 거점으로 냉동차 약 150대로 간토 지역 도매상들에게 배송된다. 그 차량에는 2HJ와 연결된 열 몇 곳의 시설로 가는 것도 포함되어 있다. 배송하는 김에 시설에 기부할 상자 대여섯 개도 차 구석에 실어 조금 멀리 돌아서 가는 것이다. 니치레이는 단순히 기부에 그치지 않고 기부하는 물품을 배송까지 해 줘, 기부받는 쪽에서 맛과 품질에 대해 더욱 안심할 수 있게 하였다.

"회사 입장에서는 무상으로 주는 것이라도 상품의 품질을 끝까지 책임지지 않으면 안 됩니다. 맛과 안전을 위해서도 전용 냉동차로 운반하는 편이 확실했죠."

니치레이 물류회사인 로지스틱스 네트웍스의 아키야마 마사토秋山眞人 전무의 설명이다.

"사회 공헌을 대대적으로 내세우는 기업이라도 정작 물류 부문에서는 무엇을 어떻게 할 수 있을지 잘 모릅니다. 2HJ를 알게 되면서 '아, 이런 공헌 방법도 있었구나.' 하고 오히려 배울 수 있었습니다."

그때까지 2HJ에 정기적으로 식료품을 제공해 준 곳은 코스트코, 하인즈 등 모두 외국계 기업이었다. 더욱이 기부금의 95퍼센트도 모건 스탠리, 재일아메리카 상공회의소, 누스킨 저팬, 개빈 앤더슨 앤 컴퍼니(2009년부터 크리애브 개빈 앤더슨으로 바뀜) 같은 외국계 기업이나 단체들이 보내 주었다. 봉사자들도 대부분 외국인이었다.

그만큼 일본의 대기업 냉동식품회사인 니치레이 푸드의 참여는 의미가 컸다. TV에서 이 기업의 활동이 소개되자 니치레이 푸드와 2HJ에 일본 기업들의 문의가 쇄도했다.

"모든 기업이 사회 공헌을 하고 싶은 마음이 없는 것은 아닙니다. 다만 어떻게 해야 할지 모르는 거죠. 그것이 실정이라고 생각합니다."

아키야마는 통감했다.

니치레이 회사 안에서도 변화가 일었다. 그때까지 니치레이가 푸드 뱅크 활동에 참여하고 있다는 사실은 관련된 소수의 사람들만 알고 있었다. 방송으로 그 소식을 뒤늦게 안 젊은 사원들이 회사를 자랑스럽게 여기게 된 것이다.

모두 '좋은 일'을 하고 싶어 한다

　기업들의 관심이 높아지는 가운데, '푸드 뱅크의 사회화를 추진하는 모임 만들기'라고 할 수 있는 새로운 움직임이 일었다. 2007년 말, 'FAB(Food Advisory Board)'가 발기한 것이다. FAB는 이미 식품을 기부하고 있는 기업, 지금 검토 중인 기업, 관심은 있지만 아직 아무것도 결정하지 못한 기업 등 여러 입장과 단계의 기업 담당자와, 2HJ 직원들이 모여 허심탄회하게 문제점을 논의도 하고 정보도 교환하는 모임이다.
　모임 총무인 아키모토 겐지秋元健二는 사이타마 현 유스호스텔협회에서 총책임자로 일하면서 2HJ 파트타임 직원으로도 일하고 있다.

　"푸드 뱅크라는 시스템은 무리하게 복지를 강요하지 않고도 일본의 사회 순환 속에 가볍게 들어갈 수 있습니다. 비즈니스 모델로 멋지게 성장하지 않을까 하는 기대도 해 봅니다."

　그녀의 말은 계속 이어졌다.

　"사회에서 이제껏 공익적인 역할을 하는 단체나 법인은 없어 주면 안아 달라는 식의 존재였고, 사회도 그것을 일종의 어쩔 수 없는 비용으로 보아 왔던 측면이 있습니다. 하지만 지금의 사회는 그 비용을 부담할 수 없게 되었다는 것입니다. 또 단체나 법인이 사회에 환원할 수 있는 몫이 지나치게 적으면 그 단체는 존속 자체도 어려워집니다.

그런데 푸드 뱅크는 사회에 부담을 지우지 않는 복지 활동입니다. 말하자면 푸드 뱅크와 기업 모두 윈윈 할 수 있게 하는 재미있는 비즈니스라고 생각합니다."

2HJ의 캐치프레이즈 "'아까움'에서 '감사'로"라는 문구도 아키모토가 생각해 낸 것이다.

"푸드 뱅크라는 시스템을 더욱 확산시키고 싶습니다. 그러자면 2HJ와 기업 담당자들이 소통하는 것이 중요하고, 서로 동료로서 비즈니스 파트너로서 여기면서 활동해 가야 합니다."

이런 아키모토의 제안에 기업 측이 응답한 것이다.

한 달에 한 번 열리는 FAB 모임에는 약 30개사 담당자가 참여한다. 차분한 분위기 속에서 2, 3시간 열띤 토론이 이어진다. 모임을 통해 기업 담당자들은 푸드 뱅크 활동을 하면 다음과 같은 이점이 있음을 알게 된다.

- 폐기 비용을 줄일 수 있다.
- 비용을 들이지 않고도 사회에 공헌할 수 있다. 또한 사회 공헌 사업에 안정적으로 접근할 수 있다.
- 식품을 버리는 행위에 대한 죄책감을 '사회에 도움을 준다는 의식'으로 바꿈으로써 직원들의 의욕을 끌어올릴 수 있다.
- 주주와 소비자, 직원에게 '식료품을 기부하고 있다'고 어필할 수 있다.
- 푸드 뱅크라는 활동이 사회적으로 알려지면 알려질수록 처음부터 참여했던 기업의 인지도와 가치는 높아진다.
- 기업에 대한 소비자의 신뢰가 높아진다. 같은 상품이라도 푸드 뱅크 활동을 하는 기업의 상품 이미지가 더 좋다.

반면 다음과 같은 점을 우려한다.

"기부한 식품을 팔까 봐 그것이 가장 걱정됩니다. 기증품이라는 것을 한눈에 알 수 있도록 하는 큰 마크를 박스에 붙여 주셨으면 합니다."

"식품을 ○○만큼 기부한다고 하면 '○○만큼 낭비가 많은 기업일 거야' 라든지 '그것이 가격을 올리는 요인이 된다' 는 식의 생각을 소비자들이 하게 될까 봐 염려되기도 합니다."

이미 푸드 뱅크를 시작한 기업 담당자가 보고 들은 일본의 '빈곤' 상황에 대해 함께 얘기도 나눈다.

"폐기 비용을 줄이는 것만 생각해 많은 식품을 소개하기만 하면 되리라 생각했습니다. 하지만 그것은 기업의 단순한 이기주의에 지나지 않는다는 사실을 깨닫고 반성하고 있습니다."

아직 기부를 '검토 중' 인 기업 담당자는 고민을 털어놓는다.

"기부를 시작하는 회사도 있건만 저희 회사 사장은 꿈쩍도 하지 않습니다. 돈 벌 궁리만 하는 거 같아 마음이 아픕니다. 제가 다니는 회사에 자부심을 느끼고 싶기 때문에 포기하지 않고 계속 설득해 볼 생각입니다."

저마다 처지는 다르다. 그러나 식품업계에 종사하는 이들은 '맛있게 먹어 주었으면' 하는 마음과 '만든 식품을 버리지 않고 활용하고 싶다'는 공통된 바람을 갖고 있다. 식품을 버려야 하는 상황이 안타깝고 그러한 상황을 어떻게든 바꾸고 싶은 것이다.

이야기는 뒤풀이 자리에서도 계속된다.

"기업인들이 곧잘 고맙다고 합니다. 푸드 뱅크가 기업의 폐기 비용을 줄여 주어서일까요. 실은 내심으로는 모두 뭔가 좋은 일을 하고 싶었던 거라고 생각합니다."

아키모토는 환한 얼굴로 말했다.

일본에는 '식품순환자원 재생이용 등의 촉진에 관한 법률(통칭 식품 재활용법)'이 있다. 팔거나 먹고 남은 식품 또는 제조 과정에서 대량의 식품 폐기물이 발생하지 않도록 하고, 이를 위해 가능한 한 다시 식품을 이용하는 것 등을 목표로 2000년에 제정되고 2007년에 개정된 법률이다. 이에 따라 할인점과 백화점, 편의점 등에서도 판매 기한이 다 된 도시락이나 빵 등을 비료나 사료 등으로 재활용하려는 움직임이 급속히 확산되고 있다.

그러나 폐기물 문제 전문가인 이시카와 현립대학 생물자원공학연구소 다카쓰키 히로시高月紘 교수는 월간《폐기물》(2007년 9월호)에서 다음과 같이 기술하고 있다.

대부분의 경우 재활용을 할 때 폐기물을 모으는 데 상당한 에너지가 소요되고, 모은 후에도 재활용을 위한 원재료를 만들기 위해 분쇄하거나 열로 녹이거나 하는 데 또 에너지가 소요된다. 현재는 재활용법 가운데 '리사이클'만이 우선시되고 있는데 '환경 부담 절감으로 효과가 있는 폐기물 대책은 뭐니 뭐니 해도 발생 억제(reduce), 재사용(reuse)이다.

푸드 뱅크 활동은 그야말로 폐기물이 발생하지 않도록 하는 것에 해당되지 않는가. 아키모토는 이러한 점을 부각시키면서 농림수산성 담당자들과 계속 논의하고 있다. 기업이 푸드 뱅크에 기부하는 일이 식품 재활용법의 '발생 억제'로 평가되면, 기업도 푸드 뱅크에 더 쉽게 협력할 것이다. 앞으로 어떻게 전개될지 궁금한 이유가 여기에 있다.

FAB 모임에서 언제 봐도 열심히 메모를 하는 남성이 있다. 우에다석유의 야노 미노루矢野稔 상무다. 그는 2007년 6월, 도쿄에서 열린 찰스의 강연을 듣고 큰 충격을 받았다.

"그가 말했습니다. '일본의 빈곤 문제라고 해도 여러분은 감이 안 오시죠? 하지만 OECD 조사에 따르면 일본의 빈곤율은 13.5퍼센트로, 천 수백만 명이 빈곤 이하의 생활을 하고 있습니다.' 라고요. 저는 그 말을 듣고, '정말일까? 혹시 자리 수 하나를 잘못 붙인 게 아닐까?' 하고 의심했습니다."

야노는 계속 말을 이었다.

"푸드 뱅크라는 활동이 있다는 사실 그리고 그것을 이끄는 사람이 외국인 찰스이며 일본에서 생활하는 외국인들이 푸드 뱅크 일을 돕고 있다는 말을 듣고는 더더욱 놀랐습니다."

식품회사 몇 곳에서 40년 넘게 일해 온 야노는 식품업계 실태를 훤히 알고 있으며 업계에서 발도 넓다. 강연이 끝난 뒤 그는 찰스에게 달려가 명함을 주고받으면서 자신이 도울 수 있는 일을 물었다. 그 후 야노는 아키모토에게서 푸드 뱅크 활동에 관해 자세히 듣고, 자신의 네트워크를 살려 기업에 푸드 뱅크를 알리는 일을 하기로 결심했다.

그러나 야노는 빈곤에 관한 지식이 얕았다. 그런 상태로는 기업 담당자들을 설득할 자신이 없었다. 그래서 아키모토 제안에 따르기로 했다. 아키모토가 운전하는 차를 타고 평소 2HJ가 식품을 보내는 산야 지구 시설과 단체 그리고 도쿄의 인권센터 등을 돌아보는 것이었다. 산야를 처음 방문하던 날 야노는 자기도 모르게 "어떤 옷을 입어야 하나요?" 하고 물었다고 한다. 그만큼 그에게 산야 같은 곳은 전혀 상상할 수 없는 미지의 세계였던 것이다.

야노는 노숙인지원단체, 호스피스 등 몇 곳을 돌았다. 어느 곳이나 한정된 예산을 가지고 직원들이 열심히 활동하고 있는 모습에 숙연해졌다. 노숙인들이 하루 한 끼로 겨우겨우 생활하는 가혹한 현실도 알았다.

그러나 아무래도 납득할 수 없는 것이 있었다. '왜 저 사람들은 길거리에서 빈둥거리고 있는 걸까, 왜 성실히 일해서 스스로 양식을 얻지 않는 거지?' 그는 용기를 내어 산야 사람에게 물었다.

그러자 산야에 있는 사람이 그에게 반문했다.

"그럼 야노 씨께서 그들을 고용하시겠습니까?"

뒤통수를 얻어맞은 기분이었다. 당연히 고용하지 않을 것이다. 아무리 가까운 사람이라도 사는 곳도 불확실하고 보증인도 없는 그들을 어떻게 쓰겠는가. 결국 그들은 누구도 그들을 쓰려 하지 않아서 일을 하고 싶어도 할 수가 없는 것이다.

"내가 그들의 현실을 얼마나 모르고 있었는지 그리고 내 속에 잠재돼 있던 차별 의식도 깨닫게 되었습니다. 그들이 왜 그런 상태에 빠질 수밖에 없느냐 하는 문제가 더 심각하다는 것도 인식하게 되었지요."

이후 야노는 '빈곤 문제'를 다룬 많은 책을 읽으면서 계속 공부하고 있다.

"아직 20~30퍼센트일지 모르지만 2HJ 사고를 어느 정도 이해하지 않았나 싶습니다. 여러 기업체를 돌며 푸드 뱅크라는 시스템을 제 나름대로 이야기해 나가고 싶습니다."

본업을 하는 틈틈이 야노는 기업과 2HJ를 잇는 역할을 한다. 오랫동안 식품업계에 몸담았던 경험으로 기업이 왜 푸드 뱅크 활동에 어정쩡한 태도를 취하는지에 대해서도 충분히 이해한다.

"제가 그랬던 것처럼, 우선은 기업들이 여러 다양한 현실을 알지 못하고 이 때문에 오해하는 부분도 있습니다. 안심하고 제공할 수 있는 장치가 있으면 틀림없이 많은 기업이 참여할 겁니다."

2HJ가 아직은 유니세프처럼 지명도 있는 단체가 아니어서 '그런 곳에 제공해도 괜찮을까' 하는 불안감이 있는 것이지요. 거기다가 최고 경영진까지 설득해야 하니 더 어려운 거고요. 일본에서는 이러한 과정에 많은 시간이 듭니다."

매일 엄청난 속도로 일을 처리해야 하는 기업 입장에서 보면, '새로운 일을 벌이는 것보다는 지금껏 해 왔던 방식대로 폐기업자에게 의뢰하는 편이 빠르고 편하다'는 측면도 있다.

이런 이유로 야노는 기업이 푸드 뱅크 활동에 동참하는 데 시간이 걸리리라고 생각한다. 이 점을 인정하면서 자신이 할 수 있는 일을 꾸준히 해 나갈 생각이다.

'사람은 변한다. 그리고 한 개인의 변화가 기업을 그리고 사회를 움직이고 바꾸는 힘이 될 수 있다.'

그를 보노라면 드는 생각이다.

'반창고' 푸드 뱅크

"1829년 일본 아키타에 비영리단체의 원형이라고 할 수 있는 단체가 이미 존재하고 있었습니다."

다이토분카 대학원 오스기 유카大杉由香 경제학연구과 조교수에게서 이런 흥미로운 이야기를 들었다. 그것은 '아키타 간온코 秋田感恩講'라는 민간 궁민구제조직이었다. 마을 사람 72명이 출자해 만든 이 조직은 기부금을 모아 논밭을 사고 거기서 수확한 쌀을 가난한 사람들에게 나누어 주는 활동을 했다. 요즘으로 치면 사회복지사 같은 사람이 도움을 청하는 집의 상황을 살피는 모습을 그린 그림도 남아 있다. 간온코는 1905년까지 아키타 현에 열일곱 개가 세워져 사회복지가 빈약한 시대에 많은 가난한 사람을 구제했다고 한다.

"그러나 1890년대 말 이후 간온코의 지위는 상대적으로 서서히 하락했습니다. 쌀이나 약을 나누어 주는 '구빈救貧'에 힘을 쏟은 나머지 '방빈防貧' 대책은 허술해졌기 때문입니다.
오늘날의 푸드 뱅크 활동도 마찬가지입니다. 빈민 구제에만 치우친 조직은 얼마 못 가 쇠퇴할 것입니다. 활동을 사회적으로 널리 정착시키려면 가난을 막는 새로운 방향을 모색하고 제시해 나갈 필요가 있습니다."

오스기 교수의 지적이다.

'푸드 뱅크는 빈민을 구제하는 활동이다. 그러나 임시방편에 그칠 뿐이고, 단순히 '반창고' 역할밖에 하지 못한다.' 이런 비판은 미국을 비롯한 캐나다와 영국 등에서도 공통적으로 나온다.

2004년 가을, 미국 캘리포니아에 있는 싱크탱크 '푸드 퍼스트Food First'의 연구원 브라함 아마디와 크리스틴 앤이 〈푸드 뱅크를 넘어서〉라는 논문을 발표했다.

푸드 뱅크는 굶주림에 고통받는 사람들에게 음식을 전해 주는 활동을 한다는 점에서 안전망(safety-net)이 되고는 있지만, 미국에서 굶주림이 만연하고 악화되어 가는 근원에 초점을 맞추지는 못한다. 오히려 푸드 뱅크에 대한 의존도가 높아지면서 위기적인 상황에 놓인 굶주림에 대한 지속적인 해결책을 애써 외면할 우려가 있다. (…) 매년 2300만 명이 넘는 미국인이 긴급 식료품 원조를 필요로 하는 가장 큰 이유는 식료품이 부족해서가 아니라 빈곤 때문이다. 1300만 명이나 되는 미국 어린이들이 매일 끼니를 거르는 것도(부모는 대부분 일을 하고 있다),

부모들이 집세나 광열비, 의료비나 교통비를 내고 나면 가족에게 필요한 식료품을 충분히 살 수 없기 때문이다.

논문에서 두 연구원은 푸드 뱅크로 가장 이익을 얻는 곳이 대기업이며, 푸드 뱅크는 기업과 기업적 농업의 절세 대책이 되고 있다고 지적한다. 또한 먹을 것을 얻을 권리를 보장하는 것은 본래 국가의 책임이며 가난한 사람들이 먹을 것을 스스로 생산하거나 조절할 수 있는 시스템과 활동을 정부가 지원해 줘야 한다고 주장한다.

으리으리한 건물에 우수한 많은 직원을 둔 미국의 푸드 뱅크. 200개가 넘는 푸드 뱅크가 매일 방대한 양의 음식과 자금을 움직이고 있지만 '미국의 굶주림' 은 조금도 해결되지 않고 있다. 아니, 오히려 해마다 푸드 뱅크를 필요로 하는 사람만 늘어 간다.

미국에서 취재하는 동안 나 역시 문득문득 스스로에게 물었다.

'뭔가 근본적으로 잘못된 게 아닐까?'

'반창고' 라는 비판에 대해 미국 푸드 뱅크 사람들은 어떤 반응을 보일까? 피딩 아메리카의 CEO 빅키 에스카라는 차분한 어조로 말했다.

"비판 말입니까? 하지만 지금 배고픔을 호소하는 2500만 명의 '오늘 당장의 끼니를 어떻게 할 것인가' 하는 현실 문제가 눈앞에 있습니다. 다른 해결책을 찾을 때까지 필요한 음식을 필요한 사람에게 보내는 것이 우리 일입니다. (…) 반창고라는 표현이 아마 맞을지도 모릅니다. 하지만 그런 비판이 지금 굶주리는 싱글맘을 구제할 수는 없습니다. 다양한 분야에서 많은 사람이 굶주림의 문제에 대한 해결책을 고민하고 있습니다. 우리는 우리가 지금 할 수 있는 일을 할 뿐입니다."

미시간 주 서부에 있는 푸드 뱅크의 존 아놀드 이사장은 푸드 뱅크 매뉴얼에 이렇게 쓰고 있다.

하지만 알고 계십니까? 상황에 따라서는 반창고가 큰 도움이 되는 경우도 있다는 것을. 기아와 같은 문제에 장기적인 해결책을 모색하는 사람들은 분명히 필요합니다. 그들의 성공을 저는 매일 기도합니다. 하지만 '물에 빠진 아이'의 비유처럼 우리에게는 우리의 역할이 있는 것입니다.

'물에 빠진 아이'의 비유란 이런 것이다.
강가를 걷고 있는데 강 위에서 아이가 떠내려온다. 강에 뛰어들어 구해 냈더니 또 한 아이가 떠내려온다. 건져 내면 또 떠내려오고 또 떠내려오고…. 아이를 구하던 사람은 기진맥진할 수밖에 없다. 사실인즉 강 위쪽에서 아이를 한 명 한 명 강물에 던지는 악당이 있었던 것이다. 근원인 악당을 잡지 않고는 끝이 나지 않는다는 말이다.

그러나 아놀드는 떠내려가는 아이를 발견하면 강에 뛰어들어 구해 내야 하듯이, 눈앞에 굶주림에 시달리는 사람이 있다면 먹을 것을 주고 구제하는 일을 누군가 해야 한다고 호소한다.

아이에게 수영을 가르치거나 강 위쪽의 악당을 붙잡을 때까지 혼자서 아이들을 다 구하기란 무리다. 이렇듯 '반창고의 한계를 충분히 이해하긴 하지만, 반창고 역할만이라도 확실하게 해내야 하지 않을까.' 미국 푸드 뱅크 사람들은 이렇게 생각한다.

그러나 일본은 그 반창고나 구급상자조차 아직 충분히 갖추지 못한 상황이다. 다행히 최근 푸드 뱅크 활동에 대한 관심과 공감이 확실히 확산되고 있다.

2008년 3월에 지바 현 마쿠하리메세에서 열린 아시아 최대 식품·음료 전문 박람회인 'FOODEX JAPAN 2008'에서 찰스가 강사로 초대되어 푸드 뱅크 시스템을 소개했다. 푸드 뱅크가 비용 절감과 사회 공헌이라는 관점에서 기업의 관심을 모아 정원이 120명인 강연장은 거의 꽉 들어찼다.

도쿄의 '2HJ', 효고 현의 '푸드 뱅크 간사이'에 이어 2008년에는 히로시마·나고야·오키나와에서도 푸드 뱅크 활동이 시작되었다. '아까운' 식품을 어떻게든 활용하고 싶다, 우리가 할 수 있는 일부터 시작해야겠다며 주부와 영양관리사들이 각지에서 움직이기 시작한 것이다.

2HJ는 푸드 뱅크 활동을 좀 더 깊이 알리는 사람들을 위해 앞으로 봉사자 인증 제도와 연수 등을 실시해, 각지에서 푸드 뱅크를 지원하는 동지들을 늘리려고 한다. 머지않아 네트워크를 구축해 재해에도 대응하는 시스템으로 정비할 계획이다.

대부분 미국 푸드 뱅크도 처음에는 고작 봉사자 몇 명이 모여 시작되었던 활동이다. 앞으로 일본의 푸드 뱅크가 어떻게 성장해 갈지는 알 수 없지만, 미국과는 다른 모습이 될 듯싶다. 과제는 많다. 하지만 가능성 또한 많이 감추어져 있다.

물론 일본 푸드 뱅크의 미래는 활동을 지켜보는 시민 의식과 사회 태도에 달려 있을 것이다. '아까움'을 얼마나 줄일 것인가, 빈곤과 어떻게 맞설 것인가. 그것은 결국 '우리가 어떤 사회에 살고 싶은가?'라는 질문에 답하는 것이기도 하다. '반창고'를 늘려 가면서 근본적인 문제를 어떻게 풀어 갈 것인가. 그것은 우리 한 사람 한 사람에게 주어진 과제이다.

푸드 뱅크라는 도전은 이제 막 시작되었을 뿐이다.

에필로그

막 2008년이 시작되었을 무렵, 2HJ에 전화 한 통이 걸려 왔다. 니혼바시의 유명한 장어요리집 사장 이와모토 모리유키岩本守行였다. 2HJ 활동을 소개한 방송을 보고 감동해 전화한 것이다. 그는 쌀을 기부하고, 봉사자들에게 장어도 대접하고 싶다고 했다.

"체력이 받쳐 주지 않으면 봉사도 제대로 할 수 없지 않습니까? 보잘것없지만 저희 가게 장어를 먹고 기운을 얻는다면 저희에게도 큰 자극이 될 겁니다. 봉사자들이 고맙습니다. 제가 할 수 없는 일들을 해 주고 있으니까요."

이와모토는 손님 식탁에 올리는 쌀과 똑같은 것을 사서 매달 30킬로그램을 2HJ에 기부하기로 결심했다.

"어려운 것은 서로 마찬가지입니다. 이전의 일본에는 서로 돕는 분위기가 있었죠."

그러나 애석하게도 지금의 일본은 거꾸로 가는 듯하다. '어려움에 처한 것은 그 사람의 노력이 부족하기 때문이다'는 식의 자기 책임론이나 '나도 힘든 사람이야'라는 식의 발목 잡기만 무성할 뿐이다.

푸드 뱅크 활동은 '이런 사회를 조금이라도 바꾸고 싶다'는 생각이 모여 시작된 것이라고도 할 수 있다. 그리고 최근 몇 년 사이에 이러한 생각이 널리 퍼지고 있다. 처음에는 외국인 중심이었던 2HJ에 일본인 봉사자와 직원이 늘고, 일본 기업의 참여도 점차 늘고 있다. 미국 푸드 뱅크와는 전혀 다른, 일본 사회와 문화에 뿌리내린 푸드 뱅크가 이제부터 쑥쑥 성장해 나가지 않을까 싶다. 그 큰 물결의 조짐이 느껴진다.

2006년 봄, 나는 가끔 읽던 잡지에서 2HJ 활동을 알게 되어 봉사 활동을 시작했다. '그냥 두면 버려질 멀쩡한 음식들을 필요로 하는 사람들에게 무상으로 나누어 준다' '모두가 이익'이라는 간단명료하고 긍정적인 시스템에 공감했기 때문이다.

활동하면서 빈곤이나 음식을 비롯한 일본 사회가 안고 있는 많은 문제도 보았다. 금방 해답을 찾을 수는 없다. 그래서 많은 사람에게 푸드 뱅크를 알리는 한편 일본 사회가 안고 있는 많은 문제를 여러 사람과 함께 생각해 보고 싶어 이 책을 쓰게 되었다.

크나큰 문제와 맞닥뜨리면 자신은 무력하고 어차피 아무것도 할 수 없다며 포기해 버리는 경우가 많다. 하지만 아무리 작은 일이라도 좋다. 할 수 있는 것을 찾아 우선 한 발짝 앞으로 내딛어야 한다. 이것을 가르쳐 준 찰스 맥질튼, 와다 유스케를 비롯한

2HJ 여러분께 감사의 마음을 전한다. 특히 찰스는 도치키나 지바로 배달 나가는 차에 가끔 나를 태우고 가면서 1년이 넘게 많은 이야기를 들려주었다. 그러므로 이 책은 그의 책이기도 하다.

그 외에도 푸드 뱅크 간사이와 미국 푸드 뱅크 여러분, 취재에 응해 준 많은 분 그리고 끈기 있게 이 책의 출판에 힘써 준 출판사 분들께 진심으로 감사의 뜻을 전한다. 이 책을 읽어 준 독자 여러분에게도.

2008년 6월 오하라 에쓰코